打造

鑽石級 企業

創新和研發的五大秘密

黃國興 著

Product

Innovation

SPP

Technology

Team &
Environment

只有在高壓、高溫之下才會形成鑽石
唯有經歷失敗和挫折，才能成就創新

尤洋應用材料科技董事長 **陳李賀** 誠摯推薦

三民書局

國家圖書館出版品預行編目資料

打造鑽石級企業：創新和研發的五大秘密／黃國興
著.－－初版一刷.－－臺北市：三民，2013
面；　公分

ISBN 978–957–14–5815–1　（平裝）

555.933　　　　　　　　　　　　　　102011627

©　打造鑽石級企業
──創新和研發的五大秘密

著 作 人	黃國興
責任編輯	楊于萱
美術設計	張明萱
發 行 人	劉振強
發 行 所	三民書局股份有限公司
	地址　臺北市復興北路386號
	電話　(02)25006600
	郵撥帳號　0009998–5
門 市 部	（復北店）臺北市復興北路386號
	（重南店）臺北市重慶南路一段61號
出版日期	初版一刷　2013年7月
編　　號	S 493730

行政院新聞局登記證局版臺業字第○二○○號

ISBN　978–957–14–5815–1　（平裝）

～ 推薦序 ～

任職於矽谷硬碟大廠 Seagate 研發副總裁的黃國興博士，基於自己成長於臺灣，對臺灣產業的發展一向極為關切，並從矽谷的角度來看臺灣產業。從黃國興副總裁所熟悉的硬碟產業及相關半導體、電腦硬體應用產品近年來的盈虧起伏來陳述建言臺灣的未來和經濟問題之解決需要靠創新和研發，不但現在要做，而且要做得對。這種憂國建言、愛鄉遊子之情，令人感佩。

本書取名《打造鑽石級企業》是來自黃國興副總裁所提示的座右銘，只有在高壓高溫之下才會形成鑽石 (Diamond is found only under extremely pressure and heat) 及唯有經歷失敗挫折，才能成就創新 (Innovation can only be achieved through fails and frustration)。文中闡述紀律與動態調整是創新成功的不二法則，這種務實與經歷正是本書最值得參考學習之處。

黃國興副總裁以其職涯經驗循序演進、引導、探討並佐以案例說明研發和創新的五大秘密。現況臺灣產業如 CD、DVD 產業對外購買專利權或結合 DRAM 產業聯盟取得研發技術，或是整廠輸入投資太陽能、LED 產業等，「這些都不是創新」。黃國興副總裁指出，產業首先要以敏銳觀察力準確選擇，以核心技術製成核心產品，快速進入市場、經過改良、再推出新產品，如同蘋果的 iPod、iPhone、iPad 就是最好的例子。

　　常推出新產品或服務時，「瞄準目標後要不斷的實驗，不斷的學習和快速調整」、「創新只有 1% 會成功，99% 會失敗，但仍然要去做」，當有眾多創新產品產出時，領導者必須用一百次 no 和一次 yes 來維持創新事業發展的平衡。

　　隨著企業的創新和研發漸漸在市場打出名號後，機密 (secret) 的維護、謹慎執行 (paranoid) 和智慧財產的保護 (protection)，即所謂的 SPP，這是建立競爭障礙的重要工作，並要在適當時間採取行動，擊退已存在或潛在的競爭者。

　　根據黃國興副總裁對臺灣的瞭解，臺灣一些科技公司已具有重要的核心技術，如聯發科的半導體設計、鴻海的核心製造技術，以及宏碁和華碩將製造技術轉為 3C 品牌等。臺灣的領導者雖然有許多優點：靈活、冒險、有自信心、吃苦耐勞和勇於創新等，但還需要以更開放思維重新審視，包括重視員工、不怕犯錯、在錯誤中學習和改進、接納創新、走出臺灣迎接世界的挑戰。臺灣需要更多世界級核心產品和品牌，需要顛覆性產品 (disruptive products) 推陳出新，有更好、更方便、更簡單的產品。顛覆性的創新和產品以蘋果為代表：蘋果「軟硬統包」的作法即代表未來產業不再是傳統軟、硬體分工的模式，講究的是整合不同企業，此外 Google、Microsoft、Samsung 和許多科技公司也都在追求這個趨勢。

　　黃國興副總裁多年與我亦師亦友，是一位具有豐富的實務經驗和經歷以及永遠挑戰理想的勇士。本書若能讓您有所體悟，特別再向您推薦黃國興副總裁另二本著作——《領導與管理 5

大秘密：如何創造一支勝利的團隊》和《贏在這一秒》，從書中更能一窺黃國興副總裁從研發工程師啟蒙、熱愛工作、擁抱活力、創新團隊與策略理想的心路歷程。就如同黃國興副總裁一再強調「創新就從改進每日生活需要用的物品開始做起」，我的體認則是「愛鄉情操從字裡行間都能引發感動與共鳴」！

光洋應用材料科技股份有限公司

董事長　陳李賀　敬書

2013 年 6 月

～ 序 ～

　　我從國立成功大學畢業至今已將近 30 個年頭。在我大學畢業時，工研院和中鋼公司提供工作機會給我，起薪是 2 萬 2 千元到 2 萬 5 千元左右；直至今日，聽到當今臺灣的大學畢業生平均起薪竟然還是 2 萬 2 千元到 2 萬 5 千元，讓我十分驚訝。臺灣的產業和薪資結構到底出了什麼問題？如何才能夠解決呢？

　　根本的答案在於「創新」和「研發」，臺灣企業必須走向創新，才能夠解決員工薪資和產業成長的問題。我在矽谷從事 20 多年「創新」和「研發」的工作，也在美國一流企業中擔任領導階級，我希望能將自己的學習和經驗，透過本書和臺灣的領導者、企業界以及所有未來的創新人才一同分享。

　　這是一本包含許多成功案例，並歸納出利於創新的成功方程式的教科書。就如我在書中所描述：「臺灣非做創新和研發不可，今日不做，明天就會後悔」、「臺灣有全世界一流的創新人才，領導者必須結合人才、創造一流的創新環境，將臺灣打造成為世界一流的創新島嶼，為臺灣創造第三次經濟奇蹟」。共勉之。

黃國興 (Steve Hwang)

2013 年 6 月

矽谷，美國加州

打造鑽石級企業
——創新和研發的五大秘密

目　次

第三章 | 創新和研發的第二大秘密 ——世界級的核心技術

第四章 創新和研發的第三大秘密 —— 不斷實驗式的創新

第五章 | 創新和研發的第四大秘密 ——機密、謹慎和保護智慧財產

第六章 | 創新和研發的第五大秘密 ——世界級的創新團隊和環境

第一章

岌岌可危的臺灣產業

　　大偉大學畢業後至少已過了 25 個年頭，從矽谷家中駛往機場的道路上，大偉的腦海中浮現了多年未見的大學同學和師長的面容，在數十個小時之後，大偉將參加大學畢業後的第一次同學會。在午夜 1 點，他疲倦但興奮的搭上飛機，享受少小離家老大回，近鄉情怯卻又興奮期待的心情。

　　飛機起飛後，大偉的鄰座是一位中年臺灣人士，他禮貌的向這位先生自我介紹，鄰座的先生也很愉快的回應：「我姓蘇，我在臺灣一家很大的記憶體高科技企業擔任財務主管的職務，這趟旅程是出差到矽谷拜訪客戶，順道督察當地公司的運作。大偉，您在美國從事何種工作？專業背景是什麼？」大偉喝了一口水，徐徐回答：「我在大學主修材料工程，大學畢業後在美國東部專攻博士學位，之後就在矽谷一家高科技儲存公司擔任研發副總經理，這幾年來我一直從事創新和研發的工作」。

➢ 產業的轉變——S 曲線 ☜

　　蘇先生向大偉說道：「像您這樣在美國求學，又有創新和研發經驗的人才，應當回臺灣為這塊土地盡一份心力。」大偉可以察覺到蘇先生語氣中對臺灣產業的憂慮。蘇先生接著說：「臺灣除了幾家明星企業之外，大部分的產業，都是一天賺錢、三天賠錢，經營十分慘淡。昔日臺灣的高科技產業，從半導體、電腦、記憶體、電子零組件，樣樣都是熱門明星產業，在那個年代，股價、房價大漲，人民所得大幅提升，不但創造許多世

界級規模的高淨利企業，也有很多人因此成為千萬、億萬富翁。但是短短不到十年的光景，這一切都變了。昔日的『三大產業』——半導體與記憶體、面板、太陽能，反而變成『三大慘業』，每年燒了上千億元。我對臺灣產業感到相當憂慮，我們到底犯了什麼錯誤？該如何扭轉這種局面？」蘇先生說出累積許久的內心話。

　　大偉回答：「蘇先生您是一位致力於臺灣產業的前輩，對世界和臺灣的產業有很深的瞭解。」這時大偉拿出筆和紙：「您剛剛提到臺灣產業從蓬勃發展到今日的衰退，其實是一個很自然的現象，稱為 S 曲線。」蘇先生很疑惑的問：「什麼是 S 曲線？和臺灣產業有何關連呢？」大偉在紙上畫了圖 1–1。

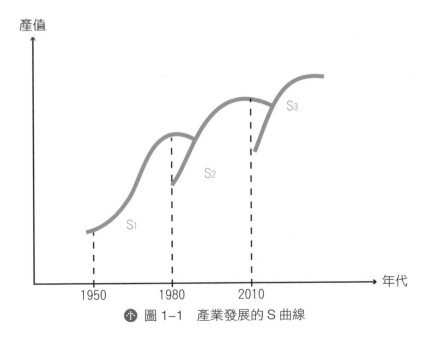

🕂 圖 1–1　產業發展的 S 曲線

　　「全世界的技術、產品、產業都是循著 S 曲線發展。S 曲線是一項自然法則，基本上，發展初期都是緩慢的成長，如 S 曲線左邊的平坦曲線；發展到中期後，成長程度急遽增加，以陡峭的斜率前進；發展末期則是 S 曲線頂端，發展速度減緩，再繼續發展則會轉變為衰退的成長曲線。因此一個健全的國家產業必須有多條的 S 曲線來支撐。

　　從二次大戰以來，臺灣的產業已經經過兩次成功的 S 曲線。從 1950～1980 年的 S_1 曲線，臺灣產業成功的由農業轉變成傳統工業，這段期間紡織、電子加工、營建、交通運輸、航空等行業，創造了第一次經濟奇蹟，臺灣晉身為亞洲四小龍（臺灣、韓國、新加坡、香港）之一。在 1980～2010 年的 S_2 曲線，臺灣產業成功的由傳統工業轉型成為高科技產業，半導體、4C 產品（電腦、通訊、消費性電子、汽車）加工、高科技零組件等產業，創造了第二次經濟奇蹟。目前臺灣繼續成長的動力決定於 S_3 曲線，臺灣市場必須發展出第 3 個 S 曲線，才能夠維持繁榮、富裕的社會」。

　　蘇先生頻頻點頭：「我很同意您的分析，明確的道出臺灣產業的窘境。目前臺灣產業正處於 S_2 曲線的頂端，如果無法創造下一個 S 曲線，整個國家產業就會開始走下坡。但什麼是臺灣下一個 S 曲線的產業？是太陽能、生物科技、綠能、雲端電算、儲存或社交網路嗎？政府和產業人士都十分著急，卻不知道什麼才是下一個 S 產業。您能夠跟我分享您的看法嗎？」

⇝臺灣下一個 S 曲線的產業⇜

　　大偉聽完蘇先生的疑惑，微笑回答：「臺灣下一個 S 曲線的產業是創新和研發的產業，並不僅限於您剛剛提到的產業，所有產業都有發展的可能，只要是由創新和研發所創造出來的，就是臺灣未來的明星產業。」蘇先生接著問：「我瞭解了。但是，臺灣在 S_2 曲線中，產業創造出的產值規模和效益是相當大的，只靠創新和研發產業有足夠的產值去創造臺灣第三次經濟奇蹟嗎？」

　　為了回答蘇先生對創新和研發產值及效益的疑問，大偉指向圖 1-2。

　　「圖 1-2 是宏碁 (Acer) 創辦人施振榮先生在 1990 年代提出的微笑曲線，他指出圖的左邊是高附加價值的創新和研發，以及右邊的品牌與市場銷售。至於臺灣一般常見的製造業所產生的附加價值較小，但是付出的成本和工作量卻是最大的。施先生提出微笑曲線時，臺灣許多代工產業正值快速成長時期，也有不錯的利潤，因此還沒有感受到這曲線所產生的震撼。」同時，大偉從口袋中拿出一支智慧型手機，然後問：「蘇先生，您知道這支手機是誰設計和製造嗎？利潤是多少呢？」蘇先生對突來的問題，有信心的回答：「這是美國 Apple 公司設計的 iPhone，而鏡頭、螢幕等零組件則是由鴻海製造。至於手機的成本和費用我並不清楚。」大偉將手機放在蘇先生面前，接著

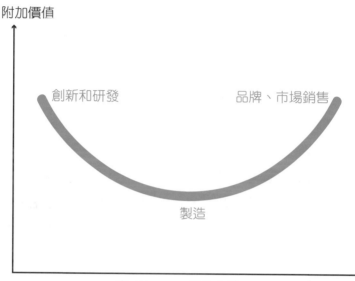

　圖 1-2　微笑曲線

說：「這支 iPhone 售價 199 美元，其中製造商得到 7～9 美元，45～50 美元分給零組件的各個廠商，剩下的 100 多美元則由 Apple 獨吞。Apple 的創新和研發都是依靠『人』，沒有一個製造廠房和操作員，卻擁有 80% 以上的產值。而臺灣多年培育的人才，不眠不休的工作，卻僅有 10% 的產值。」大偉繼續說：「iPhone 的例子說明了如果臺灣能夠成功的轉向創新和研發 S 曲線，它將能創造比目前臺灣製造業高出數倍的產值，產值的增加不但可以替臺灣創造第三次經濟奇蹟，更可以讓臺灣成為人人欽羨的世界創新中心」。

　　蘇先生十分贊同大偉對於臺灣未來產業的分析：「您在矽谷高科技產業 20 年來研發和創新的訓練，果然有一套有條理的分

析。如果您能藉這次在臺灣停留的機會，和大家分享臺灣如何發展創新和研發的第 3 個 S 產業，我想會對臺灣未來的產業發展產生正面的衝擊。」大偉和蘇先生結束愉快的交談，一起享用簡單的晚餐，很快的進入夢鄉。

　　隔日早上，飛機降落在桃園國際機場，大偉和蘇先生道別後，接著直奔大學同學會會場。會場中，已經有 20 多位同學在場，大家一起閒聊家庭狀況及多年來求學與就業的經歷。不久後，同學們圍著桌子坐下來，大偉和其他三位同學同桌，第一位是小坤，他大學畢業後在國內取得碩士學位，現在是臺灣一家著名電腦公司的高階經理；第二位是佳佳，她畢業後接掌家業，成了臺灣餐飲產業中的佼佼者；第三位阿根是臺南人，大學畢業後繼承父親的花卉栽培事業，尤其是在蘭花的培育上更是享有盛名。

➢ 什麼是創新和研發？ ➢

　　大偉先開口：「小坤，現在臺灣高科技產業發展如何？未來發展前景又如何？」

　　小坤一臉憂慮，就和飛機上蘇先生的表情一樣，徐徐說道：「大家可以從新聞和媒體報導中，瞭解臺灣高科技產業已經是夕陽產業，投資愈多、損失愈大。就以我目前服務的公司而言，今年就賠了新臺幣 1、2 億元，若不改變現狀，再過幾年很可能會破產。 現在全公司都在思考如何轉型， 創造另一個新興產

業」。

佳佳這位女強人馬上接口：「臺灣不僅僅是高科技產業有問題，在中國大陸大量生產的低價攻勢下，傳統產業也是奄奄一息」。

大偉開玩笑說：「如果大家從事像阿根家中的花卉產業，問題不就解決了嗎？」阿根急忙回答：「花卉產業的好光景也過了，現在也需要轉型才有辦法繼續經營」。

大偉瞭解同學們心中的著急，很快地回答：「您們所提到臺灣產業的困境，其實是一個正常的現象和循環。在回臺灣的飛機上，鄰座的蘇先生也提到同樣的問題。我用 S 曲線來描述產業都會經過萌芽、成長和衰退的過程，要維持產業持久不斷，就必須不停的創造新的產業。我認為同時發展創新和研發產業成為臺灣下一個 S 曲線，是解決產業問題的唯一途徑」。

三位同學對於大偉提出的見解和解決方案十分有興趣，佳佳不愧為女強人，先提出尖銳的問題：「大偉，您剛剛提到產業的興起和衰退是一個正常現象和循環。難道沒有任何產業可以永續經營嗎？每一個產業都必然消失嗎？如果希望維持產業獲利甚至蒸蒸日上，該如何做到？」

大偉知道佳佳的急性子，趕緊回答：「由於臺灣產業興起和衰退的歷史很短，還看不出軌跡。像歐、美、日本等國家就有很完整的例子。大家一起來看看圖 1–3，您們看看這些企業有什麼共同點？」

小坤先猜測說：「大部分是美國企業，但也有 Sony、

 圖 1-3　各大領域的知名企業

Fujifilm 等日本企業。」阿根看了一下圖表說：「大部分是高科技企業，但也有零售商。」佳佳最沒有耐心：「猜不出來，您就別賣關子了，這些企業到底有什麼共同點？」

大偉回答：「在全球的產業歷史中，這些企業都曾是其領域的翹楚。再看圖 1-4，到了 2012 年，只剩下 Microsoft、Intel、IBM 和 Apple 依然獨領風騷，其中 IBM 和 Apple 甚至還經過多年的困境才又扭轉局面；其他昔日的明星企業不是破產、被併購，或者已搖搖欲墜。同時出現許多新崛起的企業，像 Google、Facebook、Twitter、Walmart、eBay、Amazon 等，他們即將主宰往後數十年的產業走勢。

企業和產業的成長和衰退，就像物種的進化論一樣，適者生存、不適者淘汰。企業成長和死亡的關鍵，是我們可以掌握控制的，也是管理階層最重要的工作」。

三位同學點頭表示瞭解，也同意大偉的分析。佳佳馬上接

❖ 圖 1–4　當今各大領域的知名企業

著發問：「是什麼秘密讓領導者可以決定企業的成長和衰退？可以和我們分享嗎？」

　　大偉很有自信的回答：「當然可以，其實企業成長和衰退的關鍵就是『創新和研發』。」佳佳和阿根一臉疑惑地問道：「什麼是創新和研發？它不是只應用於高科技產業嗎？」小坤也發問：「我們每天都在做創新和研發，全臺灣從政府部門、學術單位到各大企業，都如火如荼的進行創新和研發的工作，但幾年下來也看不出什麼成效」。

　　大偉發現大家對創新和研發的認知不太正確，為了讓同學瞭解「創新和研發」，他很快的回答佳佳和阿根的疑惑：「其實即使是最傳統的產業，也一直受創新和研發所掌握，只不過與高科技產業相較，它創新和研發的周期比較長，一次重大的創新可以延續幾十年，不像高科技產業可能年年都需要創新和研

發。例如食品產業的『泡麵』就是典型的範例；花卉產業中的『網路花店』也是創新和研發的好範例。由此可見傳統產業也需要創新和研發，才可能永續經營」。

　　大偉停了一下，轉向小坤說：「您提出的論點，代表臺灣離創新和研發還有一段很長的距離。我也常聽到政府官員、研究機構或企業負責人大談所謂『創新的臺灣』或『研發的臺灣』，但據我觀察，大家不但尚未做好創新和研發的心理準備，也沒有創新和研發的環境，更不瞭解它的意義。」小坤聽到大偉對臺灣創新和研發的評論，雖不服氣卻也有相同的感受：「大偉，您認為臺灣還沒有準備好，也不知道怎麼去做，那麼以您在矽谷 20 年從事創新和研發的經驗，有解決方案嗎？」小坤用了一點挑戰的口氣問。

⇥ 1% 的成功率 ⇤

　　大偉瞭解小坤的感受，畢竟大家覺得高科技就是創新和研發，他接著回答：「在準備做創新和研發前，我們必須有以下的心理準備和瞭解：

1. 國家和企業的領導者必須有長期投資的遠見與決心

　　創新和研發不是一天、一個月、1 年的短期計畫，它需要 5 年、10 年以上才看得到成果。

2.創新和研發必須容忍失敗，甚至鼓勵失敗

雖然過程中可能有 99% 是失敗的，但是只要有 1%、一個計畫或其中一個人發展出一項成功的創新產品，它所產生的附加價值就可以加倍補償所有的失敗。

3.創新和研發必須有綿延不絕的點子

企業必須走在產業的前端，創造別人還看不到、做不到、沒有競爭者的市場和產業，因此必須營造一個能刺激團隊不斷地激發點子的環境。

4.創新和研發不僅是賺錢而已

創新和研發應該要有更高的目標與理想，利潤只是創新和研發的結果，不是它的目的。為人敬佩的創新和研發的領導者——Apple 前執行長史蒂夫賈伯斯 (Steve Jobs) 創新和研發的目標是 ，『讓我們在世界留下痕跡』 (Let's make a dent in the universe)，Apple 賣的不僅僅是產品，而是理想和驕傲。如果臺灣政府和企業能具備此種心態，創新和研發就不再只是西方國家的專利。臺灣目前已具備創新和研發所需的環境和人才，還需要文化、心態、領導和管理的調整與配合」。

「哇，真不愧為創新和研發高手，大偉不但點出臺灣創新和研發的問題癥結點，更提出我們需要作的心理準備和調整。」佳佳總是心直口快。阿根也附和：「我本以為創新和研發是一門

遙不可及的深奧學問，聽完大偉一席話，其實都是相當簡單的道理。當然，在執行上可能需要很大的功夫。」小坤也表達意見：「我同意佳佳和阿根的看法。創新和研發只有 1% 成功率的這個特性，提醒了臺灣企業和政府必須作好充足的準備，這也是執行創新和研發工作時，我們必須牢記在心的重要方針。」小坤繼續把握機會問大偉：「創新和研發的成功率只有 1%，但是能創造出上千、萬倍的價值。所以例如美國等先進國家的企業，都將創新和研發成功的秘密層層保護，以保持產業的競爭優勢。除了您提到領導者和企業主管必須具備的心理準備和認知之外，還有哪些秘密嗎？」

　　大偉回答：「接下來我可以和大家分享自己 20 多年來創新和研發經歷所整理出的成功秘密。這些秘密也讓我和工作團隊在矽谷激烈的創新競爭中，成功創造嶄新的技術和產品，我的團隊也被公認為最有效率的創新和研發團隊」。

創新和研發格言

💡在創新研發的過程中，您會犯錯誤、也會失敗。最好的方式是承認錯誤和失敗，然後專心致力於其他創新和研發的工作。

💡創新和研發是找到您喜愛做的事，然後專注的去做，碰到挫折也不放棄。用創新和研發去改變世界，對世界做出美好的貢獻。

💡創新和研發就是保持對新事物的渴望，並且保持赤子之心。

史蒂夫賈伯斯 (Steve Jobs)

Apple 前執行長

小 結

◇ 全世界的技術、產品、產業都是循著 S 曲線發展。

◇ 臺灣的下一個 S 曲線是創新和研發的產業；只要是由創新和研發所創造出來的，就是臺灣未來的明星產業。

◇ 企業成長和衰退的關鍵就是創新和研發。

◇ 創新和研發僅有 1% 成功率，必須長期投資、鼓勵失敗、有綿延不絕的點子，目標不僅是賺錢而已。

第二章

創新和研發的第一大秘密

——創造顛覆性產品

　　午餐結束後，佳佳在阿根和小坤的幫忙下，將用餐的地方布置成簡單的會議場所。佳佳站在前端宣布：「同學們請找一個位置坐下來，接下來大偉將和我們分享『創新和研發的秘密』。大家也許不瞭解、不曾接觸、甚至不關心創新和研發，但是其實每位臺灣人民都應該關心它，因為創新和研發將影響臺灣的經濟和產業能否成功的轉型，並且能替臺灣創造第三次經濟奇蹟，為下一代打造更繁榮、美好的社會。讓我們一起歡迎大偉。」同學們給予熱烈的掌聲，大偉感到一陣感動，他調整一下情緒後說：「同學們，臺灣是一個最好的地方，人民是最友善、可愛的。讓我們一起用『創新和研發』為這塊土地注入良土和營養，讓它可以深根茁壯 50 年、100 年，永不止息。」同學們又用熱烈掌聲為大偉加油。

⇥ 什麼是顛覆性產品？ ⇤

　　大偉走到同學們面前，開始說明：「創新和研發就像螺旋轉動機器，強大的扇片再加上旋轉動力，就可以產生無比的能量和威力。這個螺旋轉動機器與創新和研發的道理是一致的，創新和研發必須有強勁的扇片，加上過人的動力，就可以創造有競爭力的產品，產生無比的產值，成為世界一流的企業，創新和研發的第一大秘密就是『創造顛覆性產品 (disruptive product)』」。

　　「什麼是顛覆性產品？一個產品的價值 (value) 隨著時間不斷的改良，可能會增強功能、更簡單使用、品質更優良、成本

更低，如同圖 2–1 中產品 A、產品 B 和產品 C 為維持原有產品基礎的漸進式改良，我們稱為連續性的技術和產品 (sustaining technology and product)。在直線的交接處有一個斷層，創造出的新產品不但比原來的產品更便利使用，還會吸引一些非原本目標顧客的族群，創造出比原先產品高出 5～10 倍的價值，最後取代原有產品的市場，稱之為顛覆性的技術和產品」。

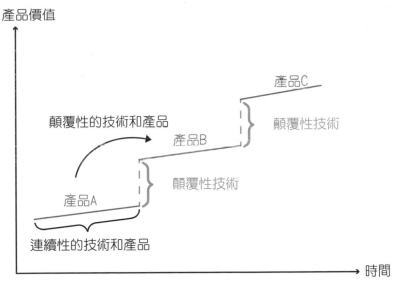

圖 2–1 連續性與顛覆性的技術和產品

⇢ 連續性的技術和產品 ⇠

　　大偉繼續分析連續性和顛覆性產品的真諦和不同點：「圖 2–1 很清楚的說明，即使一個產品或技術不斷的進步仍可能是

連續性的，因此我們很容易就將連續性的產品誤認是『創新和研發』。在臺灣，以下幾項產品和技術就有這種誤解：

1. 技術和製程研發

產業常見的成本降低、良率增加、產品功能加強及儀器設備等改良，都是屬於連續性的技術和產品。這種類型的改良可以依循固定的型式，並根據他人經驗，連續不斷地改良產品和製程，雖然可以增強現今產品的競爭力，但是並無法創造顛覆性產品和製程。

2. 面板和太陽能產業

臺灣認為面板和太陽能產業是繼半導體後的創新和研發產業，將為臺灣創造無比的商機，造就第三次經濟奇蹟。但是如果從顛覆性產業必須有 5～10 倍的價值這個特點來判斷，我們觀察臺灣與中國大陸、韓國的競爭狀況就可以發現，臺灣的面板和太陽能產業是最典型的連續性產業，完全沒有顛覆性的本質；因為競爭者很容易模仿而迎頭趕上，並削價競爭，成為一片紅海的連續性產業。

3. 發展中的生物科技及雲端技術

雖然政府、研究機構和企業大力鼓吹生物科技及雲端技術的創新和研發，但因為這些產業主要都是模仿美國的大公司，所以初期所設定的目標和發展的產品都是連續性的。顛覆性產

業必須有臺灣特有的競爭優勢，找到臺灣的定位點，才會成為顛覆性產品，但是臺灣卻沒有競爭能力，也缺乏中國大陸和韓國的成本和市場競爭優勢，所以發展中的生物科技及雲端技術其實是連續性產業」。

　　小坤仔細地聽完演講，提出一個問題：「大偉，按照您的分析，我在公司中做的新代工產品，像平板電腦、超薄電腦研發工作，甚至幾乎所有產業的研發技術部門所做的技術和產品改良都是連續性的，而不屬於創新和研發。整個臺灣的產業似乎都是連續性技術和產品，哪些才是顛覆性技術和產品？」

　　大偉很瞭解小坤的疑問，畢竟「顛覆性」這個名詞對大家來說還是相當陌生，他很快的回答：「這是一個很好的問題。您說得沒錯，很遺憾的，臺灣的產業和研發產業大多缺乏顛覆性創新。顛覆性的產品其實比比皆是，只是大家沒有注意，也不懂得如何去創新和研發顛覆性技術和產品。其實臺灣也有不少顛覆性產品和技術，只要瞭解顛覆性的真諦，臺灣有大量人才和技術能將『連續性』轉變為『顛覆性』產品。」大偉轉身在白板上寫出顛覆性產業的類型。

⇢顛覆性產業的五大類型⇠

1.應用型的顛覆性產業

　　這種顛覆性產業可能是讓消費者更方便使用、產品尺寸的

改良或者其他不同的應用，創造出吸引潛在消費者的新市場。

a.**體積大小**：藉由科技的進步，創造出體積愈來愈小的產品。例如從終端機電腦 → 中型電腦 → 桌上型電腦 → 筆記型電腦。1980 年代由 IBM、Control Data Corporation (CDC) 等幾家公司掌握終端機大電腦；在 1980 年底，出現了 Wang Laboratories 製造的王安電腦和 Digital Equipment Corporation (DEC) 的中型電腦，以電腦體積的顛覆性完全取代終端機大電腦，這兩家企業成為 1980～1990 年代最大的電腦業者。1990 年代後，Compaq、Apple、Dell 等公司創造了個人桌上型電腦，完全取代了王安電腦和 DEC。而後，方便攜帶的筆記型電腦出現，再度改變了電腦市場的版圖。

b.**尺寸**：推出更輕便的產品，取代原有的大尺寸產品。例如 Seagate 以 5 吋的硬碟取代 8 吋和 12 吋的硬碟，並且成功將此小尺寸硬碟應用於桌上型電腦；另外，Conner 又創造出 3.5 吋和 2.5 吋的硬碟，完全取代大尺寸硬碟。

c.**方便**：創造更便於攜帶的產品。例如從大型收音機 → 隨身聽 → MP3 → iPod，最有名的是 Sony 的 Walkman 隨身聽，完全取代美國無線電公司 (Radio Company of America, RCA) 的大型收音機；但是因為 Sony 缺乏進一步的創新，目前已經被 Apple 的 iPod 取代了。

d.**簡單使用**：創造更容易操作的產品，吸引更多消費者使用。例如個人電腦原本是利用 DOS 指令開發的產品，使用者必須有電腦軟體訓練基礎才能夠使用；之後出現了 Windows 程

式，一般人不需要具備任何軟體操作經驗就可以操作個人電腦，使得個人電腦大量普及，這就是典型的簡單使用的創新產品。

e. **產品銷售方式**：改變產品的銷售管道，接觸不同的消費族群。例如從實體店面 (brick and mortar) 銷售方式 → 網路銷售。例如 Amazon 和 eBay 應用網際網路的新技術平臺，成功的創造產品銷售的新世代，取代實體店面的間接銷售方式。

臺灣的產業中，有兩個著名的例子可以歸列到應用類型的顛覆性產品：

💡 **廣達電腦**：廣達在 1990 年初，藉著筆記型電腦尺寸的革新，成為全世界小尺寸電腦首屈一指的代工廠。

💡 **珍珠奶茶**：珍珠奶茶現在已成為風靡全世界的飲料，但很可惜的，由於珍珠奶茶沒有應用「創新和研發」的保護概念，所以這個顛覆性產品沒有為臺灣賺到全世界的錢。詳細說明請參考第五章。

2. 功能型的顛覆性產業

功能型的顛覆性產業主要是靠改良產品和技術的功能，創造顛覆性的距離，讓競爭對手無法跟上。有以下幾個案例：

💡 **英特爾 (Intel)**：Intel 不斷創造功能更優越的電腦微處理器。

💡 **美國國家航空暨太空總署 (NASA)**：從登陸月球、太空梭、火星探險等，NASA 探險太空的計畫不斷推陳出新。

- **IBM**：IBM 持續地投入「服務」的研發工作，設立服務創新實驗室，推動創新的技術，並整合到 IBM 的產品中，不斷創造出顛覆性產業。
- **台積電**：台積電藉由優越的半導體製造技術，讓其他競爭對手望塵莫及。

3.客戶服務型的顛覆性產業

以客戶服務作為吸引使用者的競爭手段。 例如 Google 、Facebook、Twitter 是典型的案例，它們的產品擁有眾多忠實使用者的支持，讓競爭者很難進入市場。臺灣目前則缺乏這種類型的成功案例。

4.低價位市場型的顛覆性產業

此類產品擁有低價的優勢，並且可滿足客戶所需的服務和功能。有以下幾個案例：

- **紐可鋼鐵公司 (Nucor)**：1970～1980 年代北美的紐可鋼鐵公司 (Nucor) 以小型煉鋼的方式生產低價格鋼材，雖然一開始鋼材的品質無法和大型煉鋼廠抗衡，但是這種低價位鋼材用在鐵材、刀、叉等一般家庭鋼種上卻游刃有餘。隨著小型煉鋼鑪的技術不斷進步，最後這種低價位鋼材也取代一般大型鋼廠鋼品，應用於建築、汽車、電冰箱、洗衣機等產品。以低價格創造的顛覆性產業，經過不斷的品質改良後，反而成功的以小搏大。

💡**Dollar Tree**：美國 Dollar Tree 零售商以每樣產品低於 1 美元的價格來吸引顧客，創造顛覆性產業，雖然目前這種低價位產品的品質還有待加強，但隨著低價零售商維持穩定的利潤，不斷的改良出低價的優質產品，很快就會取代許多大型零售商。如臺灣常見的日商大創百貨也是類似的例子。

💡**聯發科**：臺灣的聯發科也是一個以低價格創造顛覆性產業的典型範例，聯發科以光碟機的半導體設計為著眼點，因為聯發科產品滿足光碟機所需要的功能，且在價格上擁有顛覆性的競爭優勢，世界上其他大型半導體設計企業不願意或者無法和聯發科競爭，故能搶攻低價位市場，成為全世界首屈一指的光碟機半導體設計企業。聯發科並以同樣方式在低價位的手機半導體市場上繼續創造顛覆性的產品。當然，中國大陸有不少半導體設計企業如果加強設計能力，再加上低價位優勢，未來可能會加入此市場，變成以低價競爭的「紅海」（魚吃魚）生意。

5.製造型的顛覆性產業

　　用先進、優勢的製造和製程創造出功能、服務或者價錢上的優勢，這種類型的顛覆性產業在歷史上最常見，而且大部分發生在傳統產業上。

💡**福特汽車 (Ford)**：亨利福特 (Henry Ford) 用大量生產的觀念製造低成本的福特 T 型車 (Ford Model T)，被譽為 20 世紀最有影響力的汽車。

💡 **美國熊貓快餐 (Panda Express) 連鎖店**：Panda Express 明確訂定所有中餐準備手續和步驟的標準作業流程 (standard operation procedure, SOP)，因此不論是墨西哥人、白人、華人或黑人都可以成為熊貓快餐的店長或廚師，開創了中式速食的顛覆性產業。

💡 **美國華館餐廳 (P. F. Chang)**：P. F. Chang 菜單上的食物都先經過中央廚房的預先包裝和整理，再運送到各個分店。這種標準作業流程可以增加利潤、保持餐點品質，並且保證顧客在任何一間 P. F. Chang 餐廳都可以享受相同的美味。

💡 **臺灣鼎泰豐**：鼎泰豐的廚房作業皆依循標準作業流程，例如詳細規定小籠包「皮 5 克、餡 16 克、打摺 18 次」的標準，創造一致性的美味和高效率。

💡 **日本豐田 (Toyota) 汽車**：在 1960 年代以後，日本的汽車業利用統計學的原理，創造出許多高品質、低成本的產品；其中 Toyota 開發的小型汽車，在 1970 年代全世界的能源危機中，甚至取代了美國大型汽車，稱霸全世界市場。

　　在臺灣產業中，台積電和聯電也是以製造類型成為獨特半導體代工的顛覆性產業，其中台積電由製造型再轉換成功能型產業，才拉開和競爭者的距離。另外在 1990 年代初期，廣達、仁寶、緯創等企業創造了電腦代工的模式，在當時也是製造類型的顛覆性產業，可惜在 20 世紀中葉之後，曾經風光一時的顛覆性產業卻榮景不再，而且成為被中國大陸新興公司顛覆的對眾。

　　講到這裡，大偉停了下來：「同學們，對於創新和研發的第一大秘密——創造顛覆性產品，大家有什麼問題或建議嗎？」

　　佳佳搶先發言：「顛覆性產品和科技的觀念其實很簡單，就是要找到競爭的優勢、斷層式的改良產品，就能創造顛覆性的市場，不過執行上可能並不容易。」阿根也隨著發表意見：「所有產業和技術只要配合正確的市場切入，都可以成為顛覆性產品。」小坤是隨著臺灣電腦代工產業一同成長過來的，心有戚戚焉的說：「20 年前，電腦代工產業是臺灣獨有的顛覆性產業，現在卻已成為夕陽產業。這代表今日的顛覆性產業，明日可能就會被另一類顛覆性產業所取代了」。

　　接著，曾在聯電擔任 18 年的半導體製程工程師，並於幾年前自行創立半導體儀器設備公司的小平也發表他的見解：「20 年前的聯電是一家營業額只有幾億元的公司，卻用獨特半導體代工模式的顛覆性技術，和台積電一同為臺灣開創第二次經濟奇蹟。但是今天的聯電有千億元的營業額，卻無法開創另一個顛覆性技術，是否代表小型企業容易創造顛覆性技術，大型企業就喪失這種能力了呢？」

　　擔任大學教授的立翰也發表他的意見：「聽到顛覆性技術，我們會以為必須是高人一等的高科技技術，或者只有全世界第一流企業才能夠創造的。其實即便是用已經普遍存在的技術，創造別人還沒有看到的市場，也能夠成為顛覆性技術。」許多同學也彼此交換著不同的觀點。

　　大偉靜靜聽完同學們的討論，不時的做了筆記，待同學們

的討論漸漸告一段落後，大偉總結大家的意見：「首先，就像佳佳所說的，顛覆性產品就是找到或者創造競爭的優勢。例如如果我和高手比賽圍棋，我一定毫無勝算，即使我下定決心一整年不斷的練習圍棋，明年我大概也是全盤皆輸。但是如果我可以有 5～10 棋讓子，我就有機會藉著這個競爭優勢擊敗其他對手，這些讓子就像是顛覆性產品，找出這種產品，企業就有勝利的機會。」大偉繼續歸納出幾項顛覆性產品的特性。

⇥顛覆性產品的特性⇤

1.顛覆性產品是產生斷層式的進步，並藉此創造出競爭優勢，讓連續性的技術和產品無法與其競爭，因此取代原有市場。

2.顛覆性產品和技術是多元的、全面化的。不論是傳統產業、高科技產業、硬體、軟體、運輸、交通或餐飲等各行各業，都不斷產生顛覆性的產品，隨時取代現有的產業。

3.「今日的創新和研發」會被「明日的顛覆性產品」取代，沒有任何一項技術、產品和產業是永恆的顛覆性。所有的產業或早或晚都會被取代。

4.顛覆性產品所用的不是最頂尖的技術和科技，也不需要特別的專利來創造，只要能夠看到別人沒發現的潛在市場，就能用現有的技術捷足先登。

5.小型企業反而更容易創造顛覆性產品。因為顛覆性產品發展初期位於 S 曲線的最左端，營業額很小，但未來增長速度

很快，大型企業很容易忽略這些小營業額的顛覆性產品。因此愈大的企業愈無法創造顛覆性產品，對小型企業反而有利。

　　6.世界上的產業歷史基本上是由顛覆性產品和技術所構成。歷史上所有掌握市場的產業，都是由新 S 曲線取代舊 S 曲線的顛覆性產品，這是所有產業都遵行的自然法則。

⤳ 現有技術能創造顛覆性產品嗎？ ⬿

　　說明到這裡，小坤首先發問：「有沒有利用現有技術創造出顛覆性產品的實際案例呢？」大偉回答：「我就舉日本、臺灣、美國的三個著名例子，聽完以後您大概就很清楚它的涵義了」。

1.日本：Sony 的 Walkman

　　1970 年代美國無線電公司準備發展電晶體技術取代原有的真空管技術，將其用於製造收音機上，但是經過實驗研究，新技術的品質仍無法和原有的真空管相比，RCA 因此放棄了這項嘗試。

　　不過 Sony 利用這個電晶體技術 ，創造出體積很小的收音機——Walkman。剛推出時因為技術較落後，所發出的音量太低，必須用耳機才聽得到，所以 Walkman 被大眾認為是廉價、低技術的劣質收音機，因此一般擁有大型收音機的家庭對其興趣缺缺。不過，由於 Walkman 低價且可隨身攜帶，對年輕人有很大的吸引力，反而在年輕人市場大受歡迎，開創了隨身聽產

品的熱潮，Walkman 也成為隨身聽的代名詞。美國 RCA 公司最後退出了收音機的市場。

2.臺灣：台積電和聯電

在 1980 年代末期～1990 年代初期，臺灣的半導體產業正處於萌芽階段，製程的技術遠遠落後英特爾 (Intel)、德州儀器 (TI)、東芝 (Toshiba) 等先進企業。不過台積電和聯電藉由成熟的半導體製程，遙遙領先其他競爭者，創造了半導體代工的顛覆性產業。而隨著電腦和 IC 產品的普及，許多無廠房 (fabless) 的半導體設計企業如雨後春筍般陸續成立，不再只有大規模企業才有能力投資昂貴的半導體廠房，這些無廠房的半導體設計企業幫助了台積電和聯電奠定國際地位。

3.美國：Apple 電腦

說到 Apple，我們的直覺就會想到高價位、高品質、高技術的顛覆性產品，但事實上 Apple 的顛覆性產品通常是沿用其他企業已經有的技術和零件所創造的。以數位音樂播放機 iPod 為例，在 iPod 出現以前，數位音樂播放機的產品和技術已經十分普及，美國 S3 Graphics 和新加坡的 Creative Labs 都有數位音樂播放機產品，且擁有多項專利。但 Apple 用成熟的數位音樂播放機技術，加上面板、半導體等零件，以自身軟體設計，輔以手指旋轉盤的誘人外觀和顏色設計，配合 iTune 每首歌 0.99 美元的生意模式，讓大眾可以合法、簡單、方便的下載音樂，

完全改變了人們享受音樂的方式。

⇢大型企業不利創造顛覆性產品?⇠

　　小坤不愧為高科技產業的高階經理,繼續追問:「這些案例很清楚的解釋企業如何用已經存在的技術去開創顛覆性產品,我想這對臺灣企業而言是一項好消息,雖然許多顛覆性技術都被歐、美、日等國控制,但其實不需要具備最先進的技術,我們就能開創顛覆性產品。但是我有另一個疑問,大型企業具有充足的人力、物力,應該更有能力去創造顛覆性產品才對,為什麼反而對小型企業比較有利呢?」

　　大偉回答:「小坤又問了一個相當好的問題,大型企業成為顛覆性產業的受害者,主要以下有兩個原因:

1.顛覆性產業初期銷售營業額不足以維持大型企業成長

　　顛覆性產品會沿著 S 曲線成長,初期每年的營業額可能很少,在一家資本雄厚的企業內可能不受重視,不會持續投資人力和物力加速產品的成長,大型企業寧可專心發展原有的產品。相反的,這些金額對一家剛成立的小型企業是很大的鼓勵,全公司上下都會致力發展這個顛覆性產品。

2.領導者的近視問題——俯瞰的判斷

　　如圖 2-2,當一位領導者在 ① 位置時,由於產業還在成長

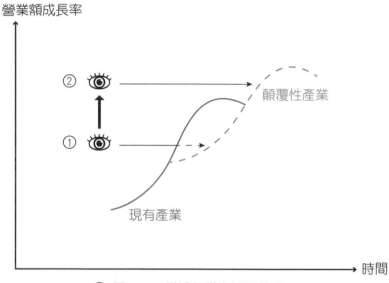

營業額成長率

② 👁 ⟶ 顛覆性產業

① 👁 ⟶

現有產業

時間

🔷 圖 2-2　描述領導者近視的問題

階段，雖然他是看到顛覆性產業，乍看之下會以為這是一條成長緩慢的夕陽產業；但是如果這位領導者可以眼光放遠一點，站在 ② 的位置俯瞰這條曲線 ，就會見到全然不同的成長曲線——現有產業成長慢慢減緩，而原來不起眼的顛覆性產業卻是成長快速的明日之星。大型企業的領導者常因為受限於股東和投資人的壓力，總是守在現有產業，即使瞭解自己有近視的問題，卻缺乏勇氣跳出限制。

　　以上兩個原因使得大部分顛覆性產品都源於小型企業，然而也有一些知名大企業還是藉由創造顛覆性產品不斷的轉型，至今依舊屹立不搖。例如 IBM 從電腦、半導體到服務業和生物科技；3M 由砂紙、砂輪、膠片、膠帶、便利貼到螢幕保護膜；

康寧 (Corning) 從玻璃、玻璃餐具、光纖、面板到高科技玻璃。這些百年老店可以不斷領先競爭者、而不被淘汰，靠的就是不斷創造顛覆性產品和技術」。

⇢ 如何利用低價優勢？⇠

「還有其他問題嗎？」大偉問。小平接著問：「在您提到的顛覆性產業中，有一種類型特別引起我的注意，那就是低價位市場類型的顛覆性產業。臺灣的高科技產業是不是能夠發展這項競爭優勢？」

大偉回答：「通常人們直覺上認為低價位市場的產品就是劣質產品，那這種產品要如何成為顛覆性產品，取代現有高品質的一流產品呢？在哈佛商學院教授克里斯汀生 (Clayton M. Christensen) 兩本著作《創新的兩難》(*The Innovator's Dilemma*) 和《創新者的解答》(*The Innovator's Solution*) 中，將顛覆性產品描述得很清楚，大家可以參考。我將這種顛覆性產品的本質和破壞過程用圖 2–3 來解釋。

以半導體為例，1990 年代某企業擁有製造半導體及低價位電算機積體電路的技術，位在位置 ①，當然它可能沒有察覺到這是個顛覆性產業，因為它所生產的是二流產品，只能用於低價位半導體；有了電算機積體電路的顧客和營業額後，加上經驗和技術的增進，約在 1990 年代末期它的技術進步到位置 ②，這家企業能夠製造家電產品所用的積體電路，正式進入更高價

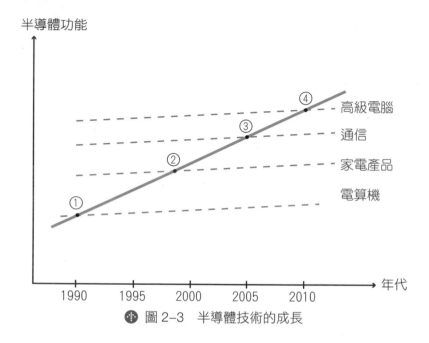

圖 2-3　半導體技術的成長

位半導體市場；如果這家企業繼續更快的研發和進步，在 2005
年它的技術到達位置 ③ ， 可以滿足通信用的積體電路功能要
求，正式進入次高價位的通信積體電路市場；最後，原來的小
企業從 1990 年最低價位電算機市場，經由不斷的研發和技術改
良，在 2010 年到達可以滿足最高價位的高級電腦積體電路的位
置 ④。

　　這是一個很典型的低價位顛覆性產品，經過不斷的研發和
改進，讓技術的增長超越現有產品功能，就可以更進一步滿足
顧客，並且以優良的品質和競爭的售價取代原來掌握市場的產
品的例子」。

　　小平很快的接口：「哇！真是精采又清楚的解說。現在我完全明瞭為何一些昔日毫不起眼且在低價位市場競爭的企業，經過多年後能夠進步成掌握整個產業的大企業。在尚未接觸創新和研發的第一大秘密以前，我一直以為它們是因為幸運，加上天時地利人和所造就的成功，但今天我才瞭解其實重點是顛覆性產品和技術的出現，它的成功不是單純的好運」。

　　大偉點頭同意小平的論點：「產品的成功當然需要一點運氣(luck)，但是 99% 還是必須靠創新和研發創造出顛覆性產品」。

⫸國家產業的「創新和研發」⫷

　　大偉繼續說明 ：「在介紹國家產業和顛覆性產業的關連性前，讓我先分析產業的循環圖，大家一起看看圖 2-4。

　　產業循環圖分為四個區域，A 是嬰兒期產業，初期產值雖然很小但成長速度很快；經過一段時間後，就進入 B——青年期產業，在這個區域產業成長速度非常快，但是產業顛覆性的能力降低，其他競爭者陸續出現；接著進入 C——成年期產業，產業在這段期間產生的產值最大，可是這產業已經由顛覆性變為被顛覆的現有產業；最後，產業由區域 C 到達區域 D——老年期產業，產業和產品即將消失。如果要維持不斷的產業循環，一個國家必須不斷的創造出嬰兒期的顛覆性產業」。

　　佳佳忍不住打斷：「如果我用大偉的分析來形容臺灣產業的問題，沒有創造新的顛覆性產業是不是和全世界因為低生育率，

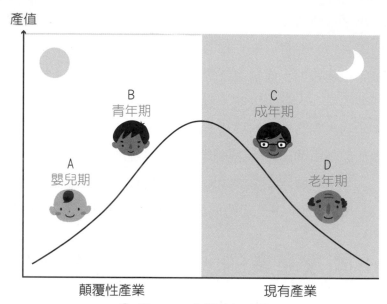

圖 2-4　產業的循環圖

所以整體人口開始衰退的道理一樣？」大偉聽完，微笑的說：
「真是個好比喻，人口的成長和衰退與產業的成長和衰退道理
是一致的，解決的方式也相同。唯一不同的地方是為了維持人
口、社會和自然的平衡，希望維持一個家庭的生育率為 2～3 個
嬰兒；在產業上，我認為一個健康的產業必須符合產業 50:50
原則。」 聽到 50:50 原則，同學們同時出聲：「什麼是產業
50:50 原則？」

⋙ 產業的 50:50 原則 ⋘

大偉很快的指向圖 2–4，又畫了圖 2–5。大偉接著說明：
「一個健全國家的產業比率，必須維持 A 區域（嬰兒期）的產
業比率＝B 區域（青年期）＋C 區域（成年期）＋D 區域（老
年期）的產業比率。在人口成長上，因為醫學進步降低了嬰兒
死亡率，所以如果出生率太高就會造成人口成長膨脹。不過在
產業上則完全不同，由於嬰兒期產業的壽命和成長速率並不是
十分穩定，夭折率很高，因此必須盡可能的注入嬰兒期產業，
才能轉變為明日的成年期產業。一個國家必須不斷創造明日產
業，才能夠永續經營」。

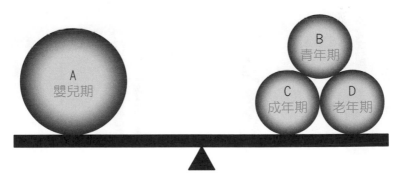

🛞 圖 2–5　產業 50:50 原則

小坤問：「這個產業循環圖和 50:50 原則與國家產業有何關
連呢？我們能夠以產業循環圖來分析判斷一個國家產業的健康
程度和未來發展的方向嗎？」

　　大偉興奮的回答：「沒錯，產業循環圖可以幫助我們分析國家產業的健康程度，然後進一步找出解決方針」。

⇥各國產業的循環圖⇤

　　大偉繼續說明：「現在我們一起來分析日本、韓國、中國大陸、美國及臺灣在各個年代的產業狀況：

1.日　本

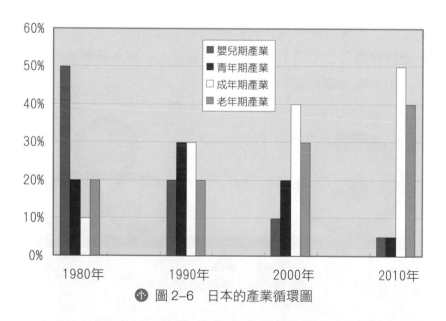

🌐 圖 2-6　日本的產業循環圖

a. 1980 年：此時日本產業符合典型的 50:50 原則，不斷推出創新和研發的顛覆性產業。日本利用高品質的製造技術，加

上小尺寸產品的技術和設計 know-how，完全掌握全世界的顛覆性產品和市場，像小型的影印機、小型印表機、小型錄放影機、小型汽車、小型電腦等，以及所有零組件也都由日本掌握。1980 年代的美國到處都是描述『日本第一』現象的書籍，所有人都在研究為何日本人在戰敗後可以完全改變產業，創造出這麼多顛覆性產品？Sony、日本勝利公司 (JVC)、日立 (Hitachi)、東芝 (Toshiba)、本田 (Honda)、雙鷹企業 (Kubota)、三菱 (Mitsubishi)、豐田汽車 (Toyota)、日本金屬工業 (Nippon Metal) 等各大日本企業的招牌矗立在全世界，幾乎掌握了全世界的產業。

b. 1990 年：日本產業變成 20:80 的比率，不再是顛覆性產業的掌控者，產業也慢慢移向成年期，日本企業努力地在既有的產品和技術上精益求精，但過於審慎的計畫流程卻讓它們無法積極創造新市場，日本企業的影響力開始減弱。

c. 2000 年：日本的產業比率更減弱到 10:90。這時候，整個國家產業已經處於衰退的階段。因為 10% 的新興顛覆性產業無法支撐維持國家的成長。

d. 2010 年：產業的衰退現象更為突顯，日本現今的產業集中在 C 和 D 區域，除非企業可以再創造大量的新興產業，否則嬰兒期產業的比率還會繼續往下滑。

2.韓　國

a. 1980 年：此時韓國的產業相當落後，主要集中在 C 和 D 區

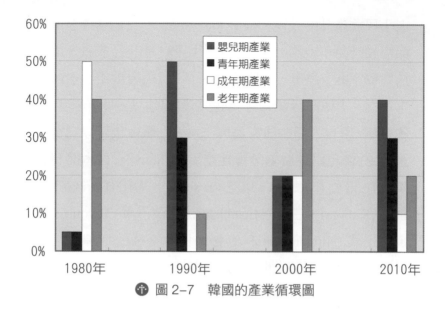

圖例：
- 嬰兒期產業
- 青年期產業
- 成年期產業
- 老年期產業

⊕ 圖 2-7　韓國的產業循環圖

域。這時韓國開始進行新興產業的開發，並成為亞洲四小龍（臺灣、香港、新加坡、韓國）之一，但是發展的力道不如其他三者。

b. 1990 年：韓國產業成為 50:50 的比率，產業蓬勃發展。特別的是，韓國是像日本一樣以大企業為主，而非臺灣以中小企業為主的發展模式。

c. 2000 年：由於受到 1997 年亞洲金融風暴的強烈衝擊，產業比率變成 20:80，許多韓國大企業開始萎縮，進而被外資併購或由外資主導。韓國產業重新開始顛覆性產品的開發，並模仿日本低成本、高品質的競爭模式，Samsung、LG、現代汽車 (Hyundai)、韓國航太工業公司 (Korea Aerospace

Industries, KAI) 等企業逐漸茁壯，從家電用品、電腦、娛樂用品、通訊到汽車等各大產業崛起，創新產品在全世界產業中占有一席之地。

d. 2010 年：韓國產業成為 40:60 的比率，在往後的幾年我們將能期待韓國企業的好表現，不過它的挑戰是如何將 A 區域產業的比率維持在 40% 而不下降。

3. 中國大陸

中國大陸是全世界的第二大經濟體，它的經濟成長和產業的擴大，可以說是一大經濟奇蹟，我們也許可以從產業循環圖上找到答案。

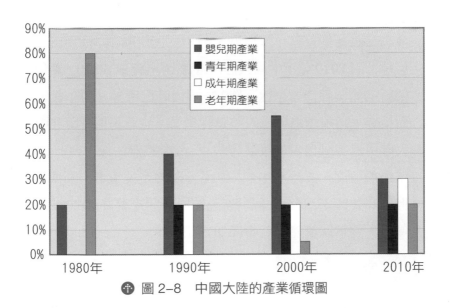

🌀 圖 2-8　中國大陸的產業循環圖

a. 1980 年：中國大陸在改革開放後慢慢的建立起新興的顛覆性產業 A，此時基本上只有少數的產業 A 和產業 D，當時，80% 的產業都是沒有競爭力的國營產業。

b. 1990 年：產業比率成為 40:60 新局面，40% 的新興產業成為產業發展的推動力，讓中國大陸的經濟發展一鳴驚人。

c. 2000 年：這股經濟推動力不但沒有減少，反而更加成長，產業的比率變為 55:45。這 55% 的顛覆性產業產生的動能，就是創造中國大陸經濟奇蹟的功臣。

d. 2010 年：在 2010 年以前，中國大陸的產業主要是仿效臺灣中小企業大量生產、低成本的模式，但 "made in China" 反而取代了 "made in Taiwan"，中國大陸成為世界的製造工廠，並借鏡美國開發的經驗加上政府的保護措施，開創了許多高科技新興產業，像百度、阿里巴巴、華為企業等。

但是，到 2010 年，中國大陸的產業比率變成 30:70，新興、創新的顛覆性產業急遽下降，中國大陸已經無法再依靠模仿而生存，必須創造自己的前瞻性產業。也就是說，除非中國大陸可以找到自身的發展方式，否則將無法像 1990～2000 年那般發展。當然，幾年內中國大陸的產業還會不斷成長，但是和韓國產業有相同危機，如果新興產業降到 20% 的危險區，整個國家產業就會開始走下坡。

4. 美　國

各位同學也許覺得奇怪，是不是將比率搞錯了，怎麼會每

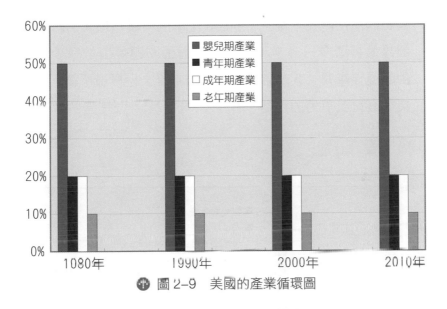

圖 2-9　美國的產業循環圖

一年都一樣呢？其實美國的產業一直保持 50:50 的支配率。

a. 1980 年：雖然當時主要是由日本企業掌握全世界產業，但是美國的 Intel、Microsoft、Apple、Sun、CISCO Systems 等企業，仍然成為當時典型新興企業的代表。

b. 1990 年：當臺灣以代工方式在高科技產業中獨占一方之際，美國已經開創到以網際網路為主的新興產業，例如網景通訊公司 (Netscape)、美國在線 (AOL)、亞馬遜 (Amazon)、eBay 網路市集等，開創了許多創新和顛覆性產品的代表。

c. 2000 年迄今：美國以網路服務和社交網路為主，創造出許多代表顛覆性產品，例如 Google、Facebook、Twitter 等。自網路普及後，美國有成千上萬的新興企業創造出下一代新

興和顛覆性產品，維持了 50:50 比率的產業循環圖。許多人誤以為美國今日赤字和競爭力減弱的問題是由於缺少創新的顛覆性產業，事實上美國產業仍然是全世界最平衡、最優良、最有競爭力的產業。

5.臺　灣

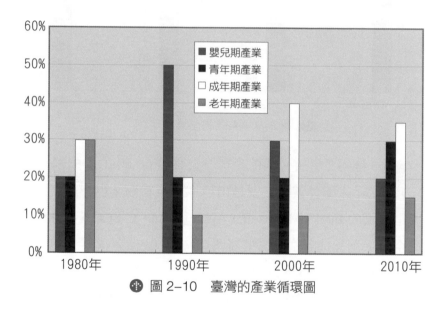

🜨 圖 2-10　臺灣的產業循環圖

a. 1980 年：臺灣正處於傳統和高科技產業交接的年代，產業是 20:80 的比率，當時區域 D 的老年期產業則占了 30%，它們製造出在世界廣泛銷售的 "made in Taiwan" 臺灣產品，但這些產品幾年後則被 "made in China" 取代。

b. 1990 年：臺灣產業有非常健康的 50:50 產業比率，電腦代

工、半導體代工、零組件生產、光碟片等產業替臺灣創造了無比的商機，成就了第二次的經濟奇蹟。

c. 2000 年：產業的比率變為 30:70，雖然產業繼續成長，但是成長的力道已經減弱；加上區域 A 的嬰兒期產業從 1990 年的 50% 降為 30%，臺灣的顛覆性產業比率不停地下降。

d. 2010 年：區域 A 產業比率下降的問題一直延續到 2010 年，產業的比率變成 20:80，稀少的嬰兒期產業代表國家產業無法持續成長，將進入衰退階段，而老年期產業則從 10% 增加到 15%，這衰弱產業的比率還會急速增加。因此，臺灣必須在 5～10 年內轉型到顛覆性產業，否則根據這產業循環圖的預測，到 2020 年臺灣的區域 A 產業將低於 10%，10:90 的產業結構比率會使臺灣的生活水準倒退 30 年，我們必須深思這個問題」。

　　說到這裡，同學們七嘴八舌的討論，小坤對人偉的分析有很深的感觸：「我們都知道臺灣產業有問題，必須要靠『創新和研發』來改變，不過直到看到這產業循環圖的分析後，我突然體會到產業升級的急迫性，大家都有同感嗎？」小平、阿根、佳佳都同時點頭，說道：「大家都深切體會到改變的急迫性，如果臺灣再不改變，將是產業寒冬的開始」。

⇒臺灣未來的顛覆性產品？⇐

　　佳佳要求大偉：「您把臺灣產業的情況分析得這麼險峻，現

在大家都想知道『創新和研發第一大秘密──創造顛覆性產品』的答案。臺灣未來的顛覆性產品是什麼？在哪裡？」

　　大偉走到同學中間，然後說：「我不是要造成臺灣大眾的恐懼，但是根據我自己的專業和產業上的分析，**臺灣的產業已在成年期和老年期的交接處**，從我和各位的討論中，我可以體會大家其實已經有這種感覺，只是看到了實際的分析結果讓大家更感覺到迫切性。

　　我也一直在思考臺灣的顛覆性產品在哪裡？各位可以藉由這個方向思考，和其他人一起分享，記得顛覆性產品需要很多點子，點子多了，創造的機會就更多。同時，我認為顛覆性產品的開發必須是多元化的，所以我的建議將深入各行各業」。

1.傳統產業

a.**茶葉**：茶葉產業是成熟的傳統產業，要如何讓它變成顛覆性產品呢？現在的茶葉多是以散裝或者茶包包裝，喝茶的人必須自己沖泡。舉例來說，我們可以利用咖啡機的觀念，將茶葉以各式大型茶包方式包裝 ，讓公司行號可以一次大量沖泡，然後存於壺中，這樣人們隨時都能很方便喝到熱茶。

b.**中藥包**：中藥藥材多元、熬煮亦相當麻煩，一般人較不易自行取用。由於東方文化的風行，讓西方人對中藥也有很大興趣。如果能將各式功效的中藥製成中藥包，並附以簡單的調製和準備說明，讓每個人都可以輕鬆的飲用中藥，中藥也能成為顛覆性產品，與美國 P. F. Chang 華館餐廳製備料理的觀

念相同。

c.**花卉的培育**：許多人喜歡花卉和園藝，但花卉養殖相當困難，如果可以將花卉培育的過程製作成簡易的標準作業流程，成為社會大眾都能普遍接受的產品，就連孩童也能學習如何培育花卉，類似先前提過的 Panda Express 熊貓快餐的標準作業流程觀念。

d.**飲食和食物**：利用產業特色創造出的飲食和食物，都可以成為顛覆性產品，例如臺灣的珍珠奶茶就是國際聞名的顛覆性產品。

　　聽到這裡，佳佳馬上提出異議：「大偉，我有個問題，即便我們創造出像珍珠奶茶這樣風靡全世界的產品，卻也沒有創造巨額利潤呀？」

　　大偉馬上停下來，回答佳佳的問題：「創造顛覆性的產品只是創新和研發的第一大秘密，它非常重要。但是如果沒有其他秘密相配合，還是達不到創新和研發的成效。珍珠奶茶雖是顛覆性產品，但由於缺乏其他秘密的配合，所以失去致富的機會。很可惜我今天只能介紹第一大秘密，其他秘密稍後會再告訴大家。」佳佳馬上回答：「我期待能瞭解創新和研發完整的秘密幫助我改造產業」。

　　大偉接著繼續說明其他產業的案例。

2.高科技產業

a.**電腦、手機、電子用品**：利用低價顛覆性產品的觀念，瞄

準中國大陸和新興國家「自有品牌」和「山寨版」產品的需求市場，結合臺灣軟、硬體及製造優勢，從低價位市場進入，再經由研發和改良產品，慢慢進入其他市場取代高階的產品。

b.**雲端計算和儲存**：以低階技術攻進低價位市場，可以利用自創軟、硬體的雲端計算和儲存功能，服務大型企業不願意進入或者尚未發掘的個人市場，或新興國家的低價位市場。

c.**網路銷售**：當今最流行的網路購物方式是像 eBay、Yahoo 公開競標，或者 Amazon 等網路商店直接選購中意商品。如果我們能保留人們在傳統市場購物討價還價的樂趣，開發網路即時影音工具，讓網路銷售的買方和賣方能直接議價，也許能創造出嶄新的網路交易模式。

d.**銀髮族專用的產品**：隨著嬰兒潮世代逐漸進入老年期，許多銀髮族專用的產品都可以成為顛覆性產品和產業，例如銀髮族專用的助聽器、眼鏡、手機、電腦、輪椅等專門替有特殊需求的銀髮族顧客打造的產品。

◈ 第一大秘密座右銘

「我所提出的建議只是九牛一毛，還有成千上萬的顛覆性產業等待大家去發掘。在領導『創新和研發團隊』以及開發顛覆性產品的過程中，我經常和我的團隊分享以下三句話，這三句話是第一大秘密成功的座右銘，只要大家保持這三種心態，那創造顛覆性產品這種困難重重的工作，都會變得有趣、有意

義、有挑戰性。」大偉將今天所講的第一大秘密作了最後的總結。

Dream as if you would not fail.

盡情去夢想吧！就像您不會失敗一樣。

Create as if you would change the world.

盡情去創造吧！就像您可以改變世界一樣。

Work as if you have the best job in the world.

盡情去工作吧！就像您有全世界最好的工作一樣。

創新和研發格言

從創新的角度來看，產品可分為連續性 (sustaining) 和顛覆性 (disruptive) 兩種類型。

- 連續性產品：做得愈好，利潤愈高，功能愈好，愈能滿足顧客。掌握市場的大企業通常是勝利者。

- 顛覆性產品：行銷較簡單、容易使用、價錢合理，並且專注於較不被重視的市場和顧客。新進和規模小的企業較容易以此類型產品打敗大企業，贏得市場。

克里斯汀生 (Clayton M. Christensen)
哈佛商學院教授

小　結

◇ 顛覆性產品創造出斷層式的進步，取代原有產品的市場，且在各行各業都會不斷發生創新。

◇ 「今日的創新和研發」會被「明日的顛覆性產品」取代，沒有任何一項技術、產品和產業擁有永恆的顛覆性。

◇ 大型企業可能會因為產品在成長初期的營業額不高，或因為近視問題忽略了顛覆性產品的發展潛力。

◇ 低價位產品在擁有了顧客和市場的基本盤之後，經過不斷的研發和改進，新產品就可以更進一步滿足顧客，並且以優良的品質和低廉的價格取代原來掌握市場的產品。

◇ 一個健全國家的產業比率，必須維持 A 區域（嬰兒期）的產業比率＝B 區域（青年期）＋C 區域（成年期）＋D 區域（老年期）的產業比率。

第三章

創新和研發的第二大秘密

——世界級的核心技術

　　大偉的手機響起，話筒另一端傳來大學同學小坤的聲音：「喂？大偉，我是小坤，很抱歉在晚上打擾您在臺灣的行程，我想麻煩您一件事。您昨天的『創新和研發』演講很清楚的指出當今臺灣產業的問題，也提出了很明確的改進方向。我向董事長報告您所介紹的創新和研發的秘密後，我們董事長想借重您的專長，向您請教有關創新和研發的秘密。」大偉很樂意的接受邀請：「我很樂意，我這次的行程就是希望能和更多人一起探討如何幫助臺灣產業用創新和研發去開創第三次經濟奇蹟」。

　　第二天小坤與大偉會合後，小坤首先感謝大偉的鼎力相助：「非常謝謝您的熱情幫忙，首先介紹我們公司的董事長陳董，他 1970 年代從大學電機系畢業，在工業研究院服務幾年後，自己白手起家創業，趕上了臺灣高科技產業發展的浪潮，成為非常成功的創業者。目前公司有生產記憶體、4C 產品代工、面板以及薄膜靶材 ❶ 等四大集團，每個集團由總經理負責所有行政、財務、生產、研發的事務，而我是屬於 4C 產品代工集團的總經理。今天我們的目的地是臺中的記憶體製造和研發中心」。

⋙臺灣、韓國、中國大陸的比較⋘

　　大偉接著說：「獨立的集團組織和完全整合的集團組織各有長、短處。以創新和研發的觀點來看，這種獨立的集團是比較有利的。」小坤聽到以後，馬上想到一個問題，急忙問：「當您

❶　光碟片、硬碟等產品上面鍍的一層化學材料。

介紹第一大秘密『創造顛覆性產品』時，談到小型企業較有利於創造顛覆性產品，但是韓國和中國大陸的企業大多是大型集團的型態，仍創造了許多新興產品，好像有點不符您的論點。究竟是哪種型態的企業較有利於創新和研發？」

　　大偉回答：「無疑地，臺灣的中小企業型態以及美國新創公司 (startup) 等新興小型企業，是最有效率的創新和研發的組織。首先看日本，大型集團的組織型態謀殺了創新和研發，造成經濟低成長的失落 20 年；至於韓國靠著模仿日本 1980～1990 年代的創新方式，實施高品質、低價的策略，並以快速追隨者 (fast follower) 的模式，跟隨 iPhone、iPad 等先驅產品，創造出許多新的產品和產業；中國大陸也是靠著模仿臺灣製造和供應鏈的生產模式，並跟隨世界高科技產業以及市場保護措施，扶植自有品牌，創造出模仿 Google 的百度搜尋引擎、模仿 Amazon 和 eBay 的阿里巴巴及模仿 Facebook 的微博等產品。一旦韓國和中國大陸的企業遇到無法仿效他國產品的狀況時，就必須完全從零開始創造新產業，若無法順利開創可能就會一敗塗地，重演日本在 1990 年代以後的經濟困境」。

　　小坤很高興聽到這個答案：「我也認為臺灣中小企業的模式最有利於創新和研發。臺灣的創新和研發產業落後韓國，不是因為三星、LG 等大集團有特別的競爭優勢，而是臺灣欠缺您所說的『創新和研發的秘密』。所以即便有中小企業的優勢，多年辛苦經營創新和研發，仍然達不到成效。」在談話中他們終於抵達了目的地——臺中的記憶體製造和研發廠房。

第二大秘密——世界級的核心技術

　　陳董帶大偉一起參觀製造和研發部門，這是一家完全自動化的製造中心，經過幾百道製程後，還可以保持 98～99% 的良率。大偉尤其對高效率的製程與生產機器的維護有很深刻的印象，這高品質的生產水準並不輸一般美國高科技企業。研發中心則有幾組小型儀器和製程機器在進行各種改良和測試。

　　參觀結束後，陳董、小坤、大偉和幾位職員一起圍坐在會議桌旁。陳董先開口：「大偉，您覺得我們這裡的技術和美國相比如何？」大偉誠實的回答：「這裡的生產操作設備絕對是全世界一流的，包括我服務的美國企業在生產上都落後這裡一截；至於研發中心，我認為基本上只是不斷改良技術、機器或良率，只有連續性的改良，而非創造新市場或者顛覆性產品，並不能夠稱為創新和研發。」陳董對於大偉直接且真誠的評論，很虛心的回應：「謝謝您對我們生產流程的讚許，在創新和研發方面，我們的確還有許多需要學習的地方。聽小坤說您在『創新和研發的第一大秘密——創造顛覆性產品』中，說到顛覆性產品能產生現有產品 5～10 倍的價值，除了第一大秘密之外，還有其他的秘密可以和我們一起分享嗎？」

　　大偉站起來，走到前面向大家說：「如果大家不介意，那我

就開始介紹創新和研發的第二大秘密——世界級的核心技術。」

小坤迫不及待的發問:「為什麼創新和研發與世界級的核心技術有關？創新和研發不是要創造顛覆性的產品和產業嗎？」

⇢非一即二原則⇠

大偉為了化解小坤對第二大秘密的疑問，說道:「沒錯，創新和研發的主要目的是創新產業，一個企業必須成為世界第一或者第二，否則就無法生存。為了維持世界第一或第二的地位，企業必須靠世界級的核心技術來支撐。如果沒有世界級的創新和研發核心技術，即使有顛覆性產品也無法持久。」陳董也加入討論:「我也有聽過非一即二原則 (No. 1 or 2 rule) 的說法，只是不瞭解這原則的意義」。

大偉徐徐的回答:「這是由奇異 (GE) 公司前執行長傑克威爾許 (Jack Welch) 在 1980 年代整頓奇異公司時所提出來的。當時他要求奇異所有產品或部門如果沒有達到第一或第二的成績，就必須改進、賣掉、或者關閉它 (No. 1 or No. 2, fix, sell, or close)，其實，非一即二原則有其經濟道理，我們一起來看看圖 3–1。

圖 3–1 中呈現了產業利潤的分布，經濟學家帕列多 (Pareto) 的 80/20 法則中提到——前 20% 的企業掌握了整個產業 80% 的利潤，所以如果我們不能成為頂尖企業，就會失去競爭力，處於虧損狀況，這是所有產業都能觀察到的現象。因此

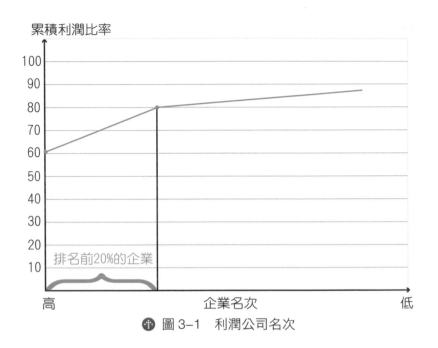

累積利潤比率

排名前20%的企業

高　　　　　　　　　企業名次　　　　　　低

　🕸 圖 3-1　利潤公司名次

在創新和研發的過程中，我們必須利用世界級的核心技術，才能維持產品和產業的競爭力，確保自己不被淘汰」。

⇾什麼是核心技術？⇽

　　聽完非一即二原則的說明後，陳董很急切的說：「什麼是核心技術？我們怎麼知道核心技術在哪裡？」

　　大偉解釋說：「核心技術必須具備以下條件：

1. 具有世界一流的核心技術

具備世界一流的核心技術，企業才有競爭能力，才可能創造出成功的創新產品。

2. 全公司上下的員工都對這技術有很高的熱忱

除了有競爭的技術還不足以構成核心技術，必須全公司上下的員工都全心投入，大家一討論到這技術就會無比的興奮且期待。

3. 可以轉變成產品，為企業賺取利潤，造福社會大眾

核心技術必須可以轉化為產品，讓使用者分享，並且為企業帶來利潤」。

⇥核心技術的實際案例⇤

小坤聽完大偉的描述後馬上問：「大偉，能舉幾個實例嗎？」

大偉很快回答：「我以三個有名的企業為例，說明什麼是核心技術：

1. Google 的軟體設計和研發技術

Google 利用軟體設計和研發的核心技術，開創了搜尋引擎

和網路應用程式等多種革命性、顛覆性的產品。除了網路以外，Google 更利用軟體開發的核心技術，準備進入智慧型手機和小型電腦的市場。

2. Apple 結合設計和研發軟、硬體的技術

Apple 利用結合設計和研發軟、硬體的核心技術，應用於各式軟體開發以及個人電腦產品，開創了 iPod、iPhone、iPad 等革命性的產品。

3. Walmart 供應鏈和無線射頻辨識系統 (RFID) 的技術

零售商 Walmart 利用供應鏈和無線射頻辨識系統 (RFID) 的核心技術，增進經營管理效率，順利地在美國、英國、加拿大、墨西哥等地擴充市場」。

聽完大偉描述核心技術後，小坤馬上又問：「您剛剛提到的案例都是美國的企業，能夠聽聽臺灣企業的案例嗎？」大偉回答：「臺灣企業也有很多的核心技術，我們一起來看看以下幾個例子：

1.聯發科的半導體設計技術

聯發科藉由卓越的半導體設計技術，居於市場領導地位，在全世界各地都有銷售及研發據點。除了半導體業務之外，聯發科也利用這種核心技術進入智慧型手機以及無線通訊、數位電視等其他電子產品市場。

2. Acer、Asus 與鴻海的製造、代工技術

Acer 和 Asus 兩家企業，藉著電腦製造代工的核心技術，轉變為創造自有品牌，並在電腦品牌市場中打出一片天地。如果沒有多年累積製造代工的核心技術，也不可能有 Acer 和 Asus 這兩個臺灣國際性品牌。

另一方面，提到代工大家勢必還會想到鴻海。鴻海以製造業起家，奠定基礎後便開始橫向拓展業務，藉此跨足 4C 產品、電子零組件，甚至醫療產品的製造，替鴻海創造無限的商機。製造的核心技術是鴻海主宰高科技代工的最大競爭優勢，不過可惜的是代工在整個產業供應鏈中，產生的利潤非常微薄」。

轉換核心技術的價值並創造競爭優勢

聽完大偉的分析後，陳董針對核心技術與產業及產品的關連提出問題：「該如何轉變核心技術成賺錢的產業？」大偉徐徐回答：「這是一個很好的問題，如果企業或者國家無法將自己擁有的核心技術轉變成賺錢的產業和產品，那麼這些創新和研發就一文不值了。

當企業有了世界一流的核心技術後，可以利用以下四種方式創造產品，掌握全世界的市場，為企業賺取驚人的利潤：

1.將核心技術直接轉化為產品

例如 Apple 用軟、硬體核心技術，創新成 iPod、iPhone 和 iPad 等核心產品；Microsoft 用電腦軟體核心技術掌握整個電腦軟體產業。這種方式最簡單又直接，因此是企業最普遍使用的方式。

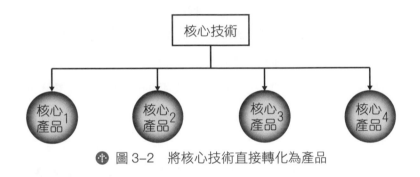

✦ 圖 3-2　將核心技術直接轉化為產品

2.老鼠會

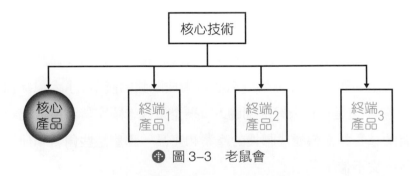

✦ 圖 3-3　老鼠會

企業可以將核心技術創造成自身獨有的產品，同時將此技

術出售給其他企業。這種競爭方式比較複雜，但是可以為核心技術創造出更大的產值。有兩家企業非常成功的經營這種核心技術方式，不過也存在一些潛在問題。由於這種方式和其他公司兼具競爭者和供應商的雙重關係，生意競爭十分複雜。例如在智慧型手機市場中，一旦 Samsung 成為 Apple 最大的競爭者，Apple 就會停止使用 Samsung 的半導體和面板。

a. Honda：Honda 擁有獨特的汽車引擎技術，因此它除了將自己製造的汽車銷售到全世界，同時也將其引擎的核心技術出售給其他車廠，像美國通用汽車 (General Motors)、克萊斯勒汽車等。這些汽車廠用 Honda 的引擎組裝汽車，再用自己的品牌銷售到全世界。

b. Samsung：Samsung 擁有許多製造電子零組件的核心技術，像記憶體、面板，甚至是半導體製造。Samsung 應用這些電子零組件核心技術，創造了許多 Samsung 產品，像電視、智慧型手機、平板電腦、個人電腦等；但同時 Samsung 也將這核心技術賣給 Apple、HP 等其他國際電子產品競爭者。販售核心技術給競爭者的商業模式是日本和韓國大型企業的一大特色。

3. 一大一小

有些企業會將核心技術轉變成賺錢的核心產品，同時將其核心技術創造成不同的產品和技術平臺，供其他企業使用。由於這個企業創造了獨特的規格和門檻，所以擁有這平臺的控制

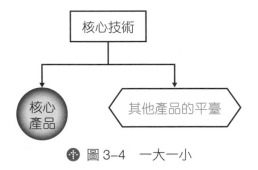

　　 圖 3-4　一大一小

權。美國的企業是典型運用此類型核心技術的案例，大型企業
不斷地應用本身的核心技術掌握市場上的產品、平臺和產品規
格，讓競爭者無法越雷池一步，從電腦、通訊產品、網路到雲
端等各類產業都可見一斑。以兩家企業為例：

a. Google：Google 應用頂尖的軟體核心技術，在搜尋和網路
　 的應用服務產品市場，創造了優渥的利潤和高市占率。同
　 時，Google 設立智慧型手機的 Android 軟體平臺讓智慧型手
　 機廠商免費使用，以及免費的 Chrome 瀏覽器、線上應用程
　 式商店等，創造出網路、個人電腦、手機，以及其他電子產
　 品的軟體平臺，再藉由此平臺吸引大量的消費者使用，創造
　 驚人的商機。

b. Amazon：Amazon 起初在網路上販售書籍，接著逐漸擴充
　 到販售各種產品。它的核心技術在於網路銷售、設計、服務
　 的軟、硬體技術，利用此核心技術，Amazon 各項產品的市
　 占率皆逐年成長。同時，Amazon 也提供網路服務、資料儲
　 存以及應用的彈性雲端運算系統 (Amazon EC2) 供其他企業

租用，此種模式讓消費者使用起來更加方便。Amazon 的核心技術創造出的價值非常大，顯示有效的經營核心技術，可以讓網路平臺產生無比的商業利潤。

4.變形體 (transformer)

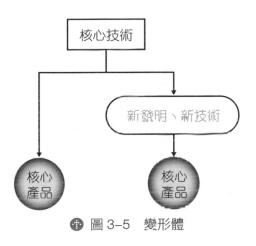

⚛ 圖 3-5　變形體

這是一種很特別的方式，企業將外界發展的新發明或新技術，融合到自身的核心技術中，然後創造出產值更大、效益更高的核心產品。

最有名的是硬碟產業的案例。在以往的硬碟產業中，通常是由國際的大型硬碟企業掌握最重要的磁性材料研發和應用核心技術。直到 1988 年，法國物理學家費爾 (Albert Fert) 和德國物理學家葛林柏格 (Peter Gruenberg) 發現了磁性材料的巨大磁阻效應 (magnetoresistance effect) 之後，在歐洲企業還缺乏硬碟的核心技術時，2000 年初期，美國硬碟企業 IBM 和 Seagate 就

將這個重大的發現，融入自身的核心技術，創造出具有跨時代意義的產品，也替硬碟產業創造無比商機。此後硬碟成為主要的儲存媒介，改變了資料儲存產業，逐漸取代 CD、DVD 和磁帶市場。

各個企業在思考如何經營核心技術時，可以朝這四種方式去思考，找到最合適自己、最有機會掌握世界市場的方式」。

➢核心技術的特性◅

這時候，陳董又提出他的問題：「您所描述的核心技術種類相當多，可以是零組件技術、軟、硬體，也可能是製造技術，甚至不同技術的組合，要如何從多種技術中找到所謂的核心技術？如果選擇了錯誤的核心技術和周邊技術，又能如何補救錯誤？」

大偉回答：「陳董所問的問題總是一針見血。在眾多周邊技術中尋找核心技術，有如在大海撈針一樣困難。但是其實還是有脈絡可循的，我們必須先瞭解以下核心技術的特性：

1. 有前瞻性

核心技術必須能創造未來的顛覆性產品，這個產品能夠主宰 5～10 年的市場，甚至更長的時間。因此，必須以有前瞻性的眼光來尋找核心技術。

2.變化性

核心技術會隨著時間或產業的變遷不停改變，昔日的周邊技術可能成為核心技術，當然核心技術也可能風水輪流轉，變成周邊技術。因此我們在決定核心技術前，必須審慎考慮可能發生的變化性。

3.有系統的經營和管理

我們必須要有系統的經營和管理核心技術，並且順應市場的變遷，不斷的加強、調整核心技術，以達到最大的效益和競爭能力。

許多國際企業應用以上三種方式，有系統的經營管理核心技術，並且在重要時期做出決定性的策略。然而，歷史上也有許多即使是國際聞名的企業還是犯錯的實例，這再度證明了正確的判斷與選擇核心技術，是一門很難的學問，需要不停學習以及不斷練習才能成為成功的技術領導者」。

⇥選擇核心技術的失敗案例⇤

1. IBM

在產業中，最知名的失敗案例是 1980 年代的 IBM。當時 IBM 是以發展個人電腦為主要產品，為了引導新產品上市，

IBM 經過仔細評估後，決定將電腦硬體、市場開發和銷售視為公司最重要的核心技術，而個人電腦主要軟體和微處理器則定義為周邊技術。為了減少成本並加速進入市場的速度，IBM 將軟體交由 Microsoft 開發，然後又將微處理器委由 Intel 研發和製造。

結果則是眾所皆知的，造就了兩家世界級的高利潤企業，而 IBM 因為這個錯誤判斷，不但損失幾千億美元的利潤，其產業版圖也被其他新興企業瓜分。2005 年，IBM 也正式告別個人電腦，將此部門賣給了中國大陸的聯想電腦。

IBM 對核心技術的錯誤判斷，讓它失去了掌握 PC 產業兩個最重要的核心技術——軟體和微處理器——的機會，印證了即使對於世界級的大企業而言，經營核心技術也仍然是一大挑戰。

2. 美國電腦、半導體產業

另外一個錯誤的決定是發生在 1980～1990 年代，美國多家電腦、半導體等硬體企業，為了提升獲利能力、降低產品生產成本，以符合來自華爾街等投資者在股價上的期望，實行了所謂外包 (outsourcing) 策略。這些美國企業將生產製造定位為周邊技術，因此將這些技術轉移到亞洲國家，尤其是臺灣。因此，臺灣 OEM (original equipment manufacturing) 和 ODM (original design manufacturing) 的電腦代工廠以及半導體代工廠，成為全世界的電腦和半導體生產、製造技術和產能中心。直到現在，

這些美國硬體業者完全失去了生產和製造技術，昔日它們認定的周邊技術反而成為臺灣和亞洲新興國家的核心技術，臺灣的 Acer、Asus 還用此核心技術成為專業品牌，取代美國 HP 和 Dell 的電腦市場；除此之外，韓國的 Samsung、LG 等大企業也以生產和製造為核心技術，發展成核心產品，逐漸威脅並侵蝕美國企業的利潤。

另一方面，亞洲新興國家還可以藉著生產和製造核心技術的優勢，在太陽能、綠能、LED 等新興產業取得優勢；相反的，美國因為這 20 年來的外包，造成生產和製造技術完全空洞，無法和亞洲競爭。現在美國企業和政府也警覺到生產核心技術的重要，開始要求業者將生產基地和重心搬回美國本土。

➢ 選擇核心技術的成功案例 ➣

美國硬碟企業

相對於 IBM 在 PC 產業和許多美國電腦和半導體公司在核心技術所犯的錯誤，美國的硬碟企業卻是核心技術的贏家。1980～1990 年代，同樣在增加利潤、減少成本的壓力下，美國硬碟企業也在海外尋找生產和製造機會。不同於電腦和半導體的外包策略，硬碟企業在新加坡、馬來西亞、泰國和中國大陸建造自有的生產和製造基地。這個措施除了減輕成本壓力，同時仍然由總公司掌握硬碟生產和製造的核心技術，這就是為何

現在的硬體、電腦和半導體產業大部分是由亞洲國家所掌握，但是卻由美國的希捷 (Seagate) 和威騰 (Western Digital, WD) 掌握了全世界硬碟市場八成以上市占率的硬碟企業。其他的新興硬碟企業即使想以低成本加入競爭市場，但因為缺乏研發技術、市場或生產的核心技術，一直都無法取代美國硬碟企業。

⇉產業的轉折點⇇

在大偉說明完選擇和經營核心技術的重要性後，陳董接口：「這些案例說明了領導階層必須仔細研究如何選擇核心技術，才不會造成遺憾。我想請問領導者該如何判斷時機來調整核心

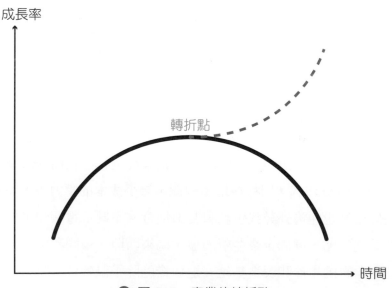

◉ 圖 3-6　產業的轉折點

技術？」

　　大偉轉身在白板上畫了圖，接著向大家說：「如圖 3-6 所示，當產業發展到最高峰後，再繼續經營下去，成長率就會開始下滑。因此在經營和選擇核心技術時，我們必須瞭解企業是處於何種階段。如果太早做核心技術的改變，就失去產業成長的動力；如果太晚改變，產業已經衰弱，最後消失。因此，經營核心技術的第一點是領導者對產業的轉折點 (turning point) 必須有很好的判斷和瞭解」。

·>轉折點的失敗案例──日本‹·

　　為了讓大家有更深刻的體會，大偉以實際案例說明：「這方面的案例相當多，首先日本的產業就是一個極佳的例子。1960～1980 年代的日本藉著生產高品質、低成本的核心技術，掌握了全世界的汽車、電器產業，甚至是電子、電腦等高科技產業。但在 1990 年後，日本產業進入轉折點，此時歐、美及亞洲新興國家的製造技術已經能和日本並駕齊驅，日本原本的核心技術則逐漸成為周邊技術。這時日本面臨核心技術的選擇和轉型，但是日本企業和政府過於延緩的決策過程以及傳統的保守策略，才造成如今日本經濟的困境」。

⇨產品與核心技術的接觸點⇦

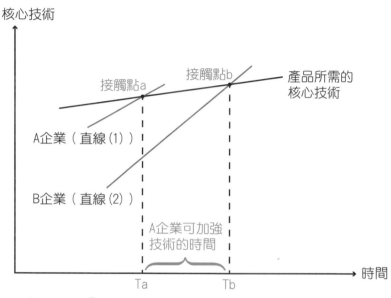

核心技術

接觸點a　　　　接觸點b　　　　產品所需的
核心技術

A企業（直線⑴）

B企業（直線⑵）

A企業可加強
技術的時間

　　　　　　　Ta　　　　　　Tb　　　　時間

⊕ 圖 3-7　產品與核心技術的接觸點

　　「在經營和判斷核心技術時，領導者除了要對轉折點有深入瞭解，還必須具備第二種概念──接觸點 (touching point)。圖 3-7 描述 A 企業的核心技術隨著直線⑴成長，在達到接觸點 a 時，A 企業的核心技術恰好滿足了產品的需要，若 A 企業是唯一擁有這種技術的廠商，就能完全掌握市場。在同時，B 企業以直線⑵速度加強其核心技術，並在時間點 Tb 達到接觸點 b，這時則變成 B 企業的核心技術滿足產品的技術需求，頓時 B 企

業成為 A 企業強勁的競爭對手。為防止這種情況的發生，A 企業必須在 B 企業到達接觸點 b 之前，做好核心技術的加強和調整，才不會被取代。

　　領導者必須應用這轉折點和接觸點的觀念，不斷的觀察市場，加強核心技術的調整和經營」。

⇢Sony 與 Samsung 的接觸點⇠

　　「關於接觸點，我以日本 Sony 和韓國 Samsung 的案例來說明。多年來 Sony 在電視、電器用品市場中，一直是全世界公認的頂尖品牌，並以高品質的產品以及優越的銷售能力為其競爭優勢。Sony 在 1990 年代後開始擴充版圖，進入電影和娛樂等全新領域；此時，Samsung 正在不斷加強製造能力、提升產品品質、加強行銷和市場的核心技術，2000 年後 Sony 和 Samsung 即產生了接觸點現象，如圖 3–8 所示。

　　原本 Sony 獨占了所有電視和電器用品的市場，但是一旦 Samsung 的核心技術達到接觸點 b 後，Sony 的市占率就開始下降，此時 Sony 已經無法對核心技術做任何的改變以擺脫 Samsung 的威脅，核心技術的成長甚至還會趨緩。同時，Samsung 擁有同樣的核心技術，但是在成長速度更勝 Sony 的情況下，超越了 Sony 成為電視和電器產業的第一品牌」。

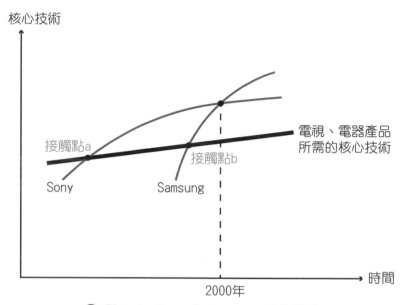

圖 3–8　Sony 和 Samsung 的接觸點

⇢臺灣與中國大陸的接觸點⇠

　　這時候大偉停頓一下，喝了一口水繼續說：「接觸點也發生在臺灣和中國大陸。臺灣這 30 年強力發展高科技產業，以生產、代工、低成本的核心技術成為了 4C 及周邊產品的製造商，但是臺灣的核心技術經過多年的發展其實已經漸漸減緩，然而此時中國大陸卻高速的發展與臺灣同類型的核心技術。這情況可以以圖 3–9 來說明。

　　現在，臺灣還享有代工核心技術的優勢，因此還能夠在市場上占有一席之地，但是因為核心技術成長減緩，加上中國大

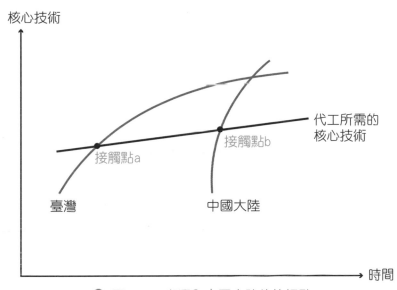

核心技術

代工所需的
核心技術

接觸點b

接觸點a

臺灣

中國大陸

時間

圖 3-9　臺灣和中國大陸的接觸點

陸核心技術能力進步，競爭力加強，臺灣代工產業獲利能力也因此降低。我們必須注意的是，一旦中國大陸的核心技術到達接觸點 b，它們就會取代臺灣，掌握全世界代工的產業。這個現象現在正在發生，並在 5～10 年內一定會到達接觸點 b。

　　臺灣必須提升核心技術，才能擺脫中國大陸的威脅，或者發展出新的核心技術，開發新的核心產品和產業，才能解決這個困境，避免重蹈日本的覆轍」。

　　說到這裡，陳董、小坤和所有在座的員工，都深刻的感受到臺灣核心技術的危機。陳董首先問：「從您的分析來看，臺灣現階段以代工為主的產業一定會被中國大陸或其他新興國家所取代，這些國家用和臺灣同樣的核心技術為範本，就像

Samsung 用相同的核心技術和產品開發方式取代了 Sony。這個趨勢只是時候未到，但遲早會發生。臺灣能選擇哪些新的核心技術呢？我們選擇的方向又是如何呢？我非常心急，但是又不知道方向在哪裡？」

→) 臺灣能發展的核心技術？(←

大偉瞭解大家的心情，也能夠體會陳董對於臺灣欠缺核心技術的教育和瞭解的憂心，這也是他特別利用這段期間和臺灣產業人士一起分享「創新和研發的秘密」的緣故，希望能讓大家有深入的瞭解，進而為臺灣產業注入一股活水。

為了不讓大家失望，大偉向大家說：「這幾年來，我一直很關心臺灣產業，我個人分析了一些臺灣產業核心技術發展的優勢和劣勢，以及它所面臨的困難。由這些分析中，我整理出一套簡單的藍本，可以供大家參考。現在就讓我和大家一起分享」。

一講到為臺灣產業找出的方向，大偉的精神為之振奮，他特別走到人群中間說明：「首先，先談談臺灣的核心技術是什麼？」大偉指向小坤，小坤回答：「臺灣的核心技術有硬體、零組件的研發和製造，大量生產的技術、設計產品，以及有限的軟體設計和研發技術。」大偉馬上接口：「小坤講得非常好，臺灣其實有很多核心技術。下一個問題是，臺灣將核心技術用在哪裡？」大偉指向一個員工，這位員工回答：「臺灣的核心技術

都用於生產和製造國際大廠的品牌和成品。」大偉說：「謝謝這
位先生，正確答案。臺灣的核心技術都用於為其他國家製造產
品。這種擁有眾多的核心技術，卻缺少核心產品的狀況，就產
生了圖 3–10 的問題。

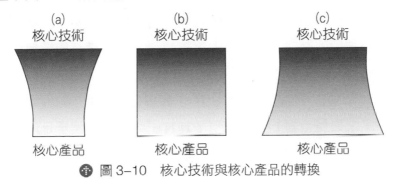

(a)　　　　　　(b)　　　　　　(c)
核心技術　　　核心技術　　　核心技術

核心產品　　　核心產品　　　核心產品

圖 3–10　核心技術與核心產品的轉換

1. V 型

圖 3–10 (a)稱為 V 型，在上端有許多核心技術，但是因為
沒有足夠的核心產品，底座變得愈來愈小，V 的核心技術會產
生營養不良的問題，核心技術不能夠轉成核心產品，無法創造
產品的價值。解決方式是多開發核心產品，讓核心技術可以很
順利的流向核心產品，產生像圖 3–10 (b)的 I 型。

2. I 型

這種 I 型的狀況很健康，很有活力。在核心技術和核心產
品保持均衡後，核心產品產生大量利潤，可以加速核心技術不
斷的更新和進步，變成健康的循環。

3.倒 V 型

臺灣甚至可以更進一步經營到圖 3-10(c)類型，稱為倒 V型。此型核心技術的威力無比，一項核心技術可以產生多種核心產品。多種核心產品再不斷針對核心技術的需求，快速的提升核心技術的層次，且產生大量核心產品，為產業創造無比的商機和產業價值」。

大偉在這裡停頓一下，說道：「我想您們會問，如何開發核心產品？如何達到 I 和倒 V 型？其實已經有不少例子是用現今臺灣的核心技術開發眾多的核心產品，我們需要更多企業從不健康的 V 型轉變成健康的 I 型和倒 V 型」。

⇒臺灣產業的成功案例⇐

大偉接著舉例說明：「除了先前提過的 Acer 和 Asus 轉換代工技術為自有品牌產品之外，臺灣還有以下幾個知名案例：

1.宏達電 (HTC)

宏達電利用智慧型手機代工建立出開發硬體及軟體的核心技術，加上多年培育品牌行銷和銷售的核心技術，成功的創造自己的核心產品。例如宏達電 2012 年推出的 HTC 蝴蝶機大大增強了外觀及拍照等功能，不但在日本熱銷，還獲選為代表 2012 年的智慧型手機。

2.捷安特 (Giant) 腳踏車

Giant 是臺灣的自有品牌，它彙集了多年的研發製造技術，創造出性能最佳的腳踏車，在腳踏車國際市場中為臺灣開創一片沃土。

由此可見，臺灣已經有許多成功利用現有核心技術開創出核心產品的案例，但是要達到 I 型和倒 V 型的健康情況，臺灣還必須要有數十種大品牌核心產品，甚至是成千上萬小品牌的核心產品才足夠。因此，我們要有勇氣做決定性的決策，用多年代工所累積的核心技術，創造自有品牌和核心產品，不能僅局限於替其他品牌代工，或者生產核心產品所需的零組件。切記，臺灣需要無數的核心產品，才能創造第三次經濟奇蹟」。

⇢核心技術和核心產品的演變⇠

陳董接著問：「從您的描述中提到許多成功轉型的案例，我想請您分析一下電腦或半導體高科技產業正確的核心技術是什麼？例如數十年前 Intel 和 Microsoft 利用軟體和微處理器的核心技術和產品獨占了電腦產業，當時 Apple、IBM 和其他以製造電腦終端產品為主的企業似乎無法與之抗衡，但是現在的平板電腦及智慧型手機產業，似乎就是由這些企業所主掌──Apple 用軟、硬體合併的核心技術成功的開發 iPod、iPhone 和 iPad；Google 以智慧型手機進入競爭市場，不再只專注於軟體；

● 表 3–1　核心技術和產品的演變

時　間	1960～1980 年	1980～2005 年	2005 年迄今
類　型	整合型	軟、硬體獨立型	垂直整合型
產業狀況	由少數擁有核心技術的大型企業主導，整合軟、硬體和市場行銷	軟體、硬體、製造、行銷、市場等分別由不同的大 / 小型企業執行	由擁有核心技術的企業掌握軟、硬體以及市場行銷，並以零售方式將產品直接賣給終端使用者
製造地	和市場一致	以成本低的區域為考量，透過代工方式生產	以成本低的區域為主要考量，但也有部分企業將生產基地和重心遷回國內
代表企業	IBM 、 Control Data、DEC	Intel、Microsoft	Apple、Google、Microsoft

同樣的，Microsoft 創立以來一直以軟體開發為主，現在也結合軟、硬體的核心技術，進入平板電腦市場。這是否代表了核心技術和核心產品產生了巨大的變化？」

　　大偉很高興陳董提出這個問題，很有信心的回答：「先前我們在分析核心技術時，曾提到核心技術有變化性。隨著時間變遷，各產業的核心技術和它所衍生的核心產品都會一直變化，所以我們必須正確掌握這些變化，才可以洞燭先機，開創符合市場需求的產品。 以電腦產業的半導體和電子產品為例， 從 1960 年代迄今，核心技術產生了三大階段的發展，就如表 3–1 的描述」。

⇢臺灣高科技產業未來的發展⇠

「根據以上的分析，對於臺灣高科技產業未來的核心技術和產品要如何發展，我有以下的建議：

1.記憶體代工部門

可開發軟體核心技術並結合硬體，創造資訊儲存產品，例如固態硬體或者其他外接式固態資訊儲存核心產品。例如臺灣擁有快閃記憶體 (flash memory)❷大量製造的經驗和齊伯，在未來資訊儲存的需求市場中，快閃記憶體將成為一項大產業，臺灣就可以利用快閃記憶半導體順勢發展固態硬碟的終端產品，開創自有品牌的產品。

2.電腦和電子用品代工部門

結合軟、硬體的代工技術，創造自有品牌，以臺灣、中國大陸或新興國家為目標市場，專注於電腦、電子產品、雲端計算等核心產品。

3.面板產業

將面板研發製造的核心技術，擴大到終端產品，發展自有品牌。

---

❷　一種電子清除式可程式唯讀記憶體的形式，不需依靠電力維持資料的儲存，常用於隨身碟和記憶卡。

　　基本上，我對臺灣產業的建議是一致的：必須結合軟、硬體核心技術，加上製造以及行銷的整合，開創自有品牌，行銷到全世界。臺灣有世界一流的製造和硬體技術，加上相當雄厚的軟體實力，只要再加強品牌創造和行銷知識就可以成功的轉型。創造自有品牌時大家可以參考『創新和研發的第一大秘密──創造顛覆性產品』，由低價位市場，甚至是白牌❸或山寨版產品當成起點，快速切入市場；在獲得低價優勢後，再慢慢進入高價位市場。我想只要臺灣產業的領導者有決心、有勇氣願意面對 1% 成功率的創新和研發事業，以大家的智慧和努力不懈的精神，經過幾年的努力一定會開花結果」。

　　陳董十分感激大偉對他的產業所提供的分析和建議，他接著說：「今天學習到很多新觀念，特別是創新和研發的第一與第二大秘密，缺一不可。我自己也花許多時間研究歐、美的創新和研發企業，我發現隨著時代不同，組織有很大的改變，這些改變和您所教導的創新和研發的第一和第二大秘密有何關係？」

➢創新和研發組織的改變◂

　　大偉很快的回答：「讓我用圖 3–11 來描述陳董所說創新和研發組織的改變和第一、第二大秘密的關係。

　　創新和研發組織的改變主要是為了增進創新速度、提升企

---

❸　是指通路商委託製造商生產，再透過自身的品牌通路在市場上銷售的產品。

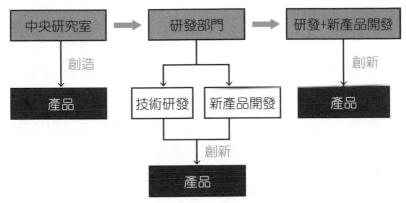

 圖 3-11　創新和研發組織的改變

業的競爭力，因此企業在決定創新和研發前，必須瞭解組織與創新和研發的關連性：

1.中央研究室

　　在 1980 年代前國際大企業多是設立中央研究室，例如有名的 IBM、貝爾 (Bell)、全錄 (Xerox)、日立 (Hitachi) 等，皆投入大量人力和財力，並網羅全世界最好的研發人才到它們的中央研究室工作。這些中央研究室雖然創造了大量的論文和專利，但是卻缺乏創新產品的開發。例如 Xerox 在美國加州的帕羅奧圖研究中心雖創造了許多重要科技產品，但是 Xerox 卻從未擁有電腦相關的核心技術或核心產品。

2.研發單位及新產品開發單位

　　1990 年代後，為了解決缺少創新的問題，這些企業開始以

研發單位來取代中央研究室的組織，由研發單位創造出新的技術後，再藉由新產品開發單位發展成創新技術和產品。這種組織型態與中央研究室相比有許多優點：首先研發單位規模較小、研發成效較顯著、也比較有效率；而且研發和新產品開發單位隸屬於同一組織，當新科技在研發單位創造後，可以很快的轉移到新產品開發單位，發展創新的產品。

3.合併研發及新產品開發單位

　　2000 年後，由於國際企業競爭力大幅提升，迫使企業要以更創新的技術快速的開發產品，原先經由研發再轉移到新產品開發單位的組織型態已經無法滿足創新速度的要求。因此，企業將研發組織又做了更進一步的調整——將研發和新產品開發單位合併，成為目前最普遍的組織型態，大大增進了創新的速度。

　　另外，在創新和研發的第一及第二大秘密代表的『創新』，是指產品和核心技術的創新，而不是大量的創造、專利或發明獎牌。因此當企業在考慮創新時，必須分辨創新和創造的不同，別被專利、獎牌或數字迷惑」。

⇢核心技術團隊架構⇠

　　大偉環顧四周確認大家都瞭解剛才介紹的內容後，進入最後的說明：「介紹完組織型態的演變後，接下來我想簡單介紹核心技術團隊架構。貴公司可以考慮從現在起成立這個新組織，

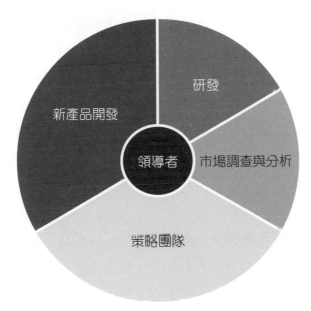

圖 3-12　核心技術和核心產品發展架構

為企業轉型做準備。」大偉很快的又在白板上畫了圖 3-12。

　　「貴公司已經體會到產業升級和轉型的重要和迫切性，我們必須立刻著手於核心技術和產品的開發。因為核心技術和產品並不同於以往臺灣可以利用已經成熟的技術，像 CD、DVD、代工產業，在短時間投入大量人力和金錢就可以大量生產，得到可觀的報酬率。今天我們一起討論的核心技術和產品，是 5 年、10 年的計畫，必須有長遠的眼光才能夠達到目標，為了達到這目標，並加強公司同仁為核心技術開發的使命感和迫切性，則必須由最高領導者親自監督、領導團隊。團隊成員則包括研發人才以及具備新產品開發經驗的技術人員，一同合作實施研

發計畫。除了研發和新產品開發以外，還必須有市場調查與分析的人才，能有系統的分析未來產品和市場的走向，清楚畫出未來市場和產品的藍圖。然後策略團隊綜合技術、產品、市場的分析，歸納出新產品的競爭優、劣勢，訂定出未來的新產品策略。這就是核心技術小組，您甚至可以將這個團隊取個例如阿波羅、曼哈頓計畫等有趣代號，這個代號可保有計畫的機密性，也可以注入一些工作上的幽默感，讓大家在競爭激烈的產業中調適一下身心」。

　　小坤聚精會神的投入整個核心技術的討論，急切的把握最後發問的機會：「我最後想問的是，核心技術和產品有太多的不確定性，在發展核心技術和產品的過程中，必須做許多重大的決定，這決定可能會影響整個企業未來的成敗。尤其一個錯誤的決定，企業可能就會倒閉，這種核心技術和新產品開發的壓力如此之大，您是如何做這些決定的呢？」大偉很高興能聽到這個問題：「這個難題恰好是今天最後的總結。無可避免的，發展核心技術和新產品，每天幾乎都要下決定。這決定影響的層面非常廣泛，甚至影響企業的成敗，許多團隊領導者在這種無比壓力之下，會失去正確判斷的能力。在我領導的團隊中，我們用以下簡單的三句話來調適壓力所帶來的壓迫和窒息感」。

◈ 第二大秘密座右銘

In any moment of decision, the best thing you can do is the right thing,

該做決定的時候，最好的就是做出正確的決定，

the next best thing is the wrong thing,

其次為做出錯誤的決定，

and the worst thing you can do is nothing.

最糟的是您什麼都不做。

　　「這三句話說明下決定其實不難，領導者只要有強烈的自信心、周詳的分析能力、善於聽取別人的意見，就能綜合一切，很快的下決定。新產品和核心技術的開發是在無數錯誤決定中學習而來，錯誤的決定和正確的決定一樣重要，有時候甚至比正確決定更重要。因為錯誤讓我們有機會從中學習，不斷的將核心技術和產品推向正確方向。因此，我的忠告是『大膽的分析，小心的求證，快速的下決定。最後成功會屬於我們』。我就停在這裡，午餐時間到了，謝謝大家的聆聽」。

　　陳董、小坤及公司同仁和大偉一一握手道別，陳董並邀請大偉隔日再一起參觀其他電腦代工、面板製造、薄膜靶材等部門，最後大家一起離開會場，結束一場精采的「創新和研發的第二大秘密──世界級的核心技術」的演講。

創新和研發格言

多年來、甚至數十年來，即使您們一直在做這門生意
——也不見得表示您們在這個領域是全球頂尖的企業。
不是世界一流的核心技術，就無法帶領您們成為世界一
流的企業。

柯林斯 (Jim Collins)

《從 A 到 A+》(*Good to Great*) 作者

小　結

◇ 要成為全世界第一或第二大的企業，必須要有世界級的
核心技術。

◇ 核心技術隨時都在演變，昔日的周邊技術可能成為核心
技術，核心技術也有朝一日會變成周邊技術。

◇ 我們必須有敏銳的觀察力，準確選擇符合企業特色的核
心技術發展成核心產品，並且要根據產業和科技的變化
隨時不斷調整。

◇ 臺灣的產業已經到達轉折點，必須找到新的核心技術和
產品，才能夠扭轉產業衰弱的趨勢。

第四章

創新和研發的第三大秘密

——不斷實驗式的創新

　　隔天早上陳董和小坤準時和大偉會見，三個人一起坐車前往新竹科學園區。在車上，陳董先發言：「今天我們要參觀的部門，是小坤所負責的電腦、平板代工和研發單位。這部門不僅在臺灣，甚至在全世界都是數一數二的，我們除了為國際品牌的電腦和平板代工外，就像您昨天所教導的一樣，我們也有重要的創新和研發計畫，主要是準備發展核心技術和產品」。

　　車子很快的到達目的地，1980 年代，臺灣為了發展高科技產業，模仿了美國矽谷的環境、學校和地理位置，在新竹打造首座科學園區。園區內大樓矗立，許多知名的國際企業在 30 年間迅速擴張，但是如今車子流量和人潮似乎不如想像得多。大偉好奇的問小坤：「這裡的人潮似乎比我想像的少多了。」小坤回答：「現在的科技業受國際情勢影響很大，這幾年企業經常放無薪假以因應全球的不景氣，這也就是為什麼我們都這麼急著學習創新和研發來開創下一個蓬勃的產業，否則很快就會產生失業和社會問題」。

電腦代工業如何執行 創新計畫？

　　車子停在一棟五層大樓前，小坤和陳董引導大偉進入大樓內，大偉和員工短暫的寒暄後，就一同進入代工和研發的廠房和部門。首先，參觀的是筆記型電腦和平板電腦的代工品牌生

產線，包括 HP、Dell、Lenovo、Acer、Apple 等大廠的產品。這裡擁有全世界第一流的自動化生產線和管理流程，即使組裝和測試的生產製程相當複雜，生產程序依然安排得有條不紊。大偉忍不住稱讚：「小坤您領導的這個生產部門，真是全世界一流的。這個生產過程和 know-how 就是您們的核心技術。」小坤有自信的回答：「經過這麼多年的學習，我也相信我們有全世界一流的製造技術」。

　　參觀了電腦代工廠房後，小坤迫不及待的帶大偉參觀創新和研發部門，大偉先問小坤：「您所管理的產業，一年花多少比率的營業額在研發上 ？ 」小坤不好意思的回答 ：「應該低於 1%。」大偉說：「創新和研發的成就和研發費用並非絕對相關。例如 Apple 的研發經費遠低於 Microsoft、Google 等大企業，卻脫穎而出被票選為全球第一的創新企業。高科技產業的研發經費通常在 6% 以上；軟體、社交網站和半導體設計等企業的研發經費可能高於 20～30%；至於生產製造業研發經費的比率相對較少，但是若低於 10% 的確很難和國際大廠相抗衡。」小坤回答 ：「以代工為主的產業利潤很低 ， 難以支持大量的研發經費，所以我們都只選擇做一兩項研發產品。我們第一個研發計畫是想要推出自己的『小型平板電腦』品牌。」大偉很快的反問：「Apple 不是也推出小型的平板電腦 (iPad mini) 嗎？您怎麼知道小型平板電腦會成為下一個顛覆性產品呢？」小坤不是很自信的回答：「我們也不知道它會不會是下一個顛覆性產品，但我想只要跟隨 Apple 的腳步，應該可以受到消費者的青睞吧？」

　　大偉跟著小坤參觀公司另一個大型的研發計畫。小坤解釋：
「第二個研發計畫是創造智慧型手機的自有品牌，主要針對中
國大陸的山寨機市場。這個計畫和您所教的創新和研發第一和
第二大秘密似乎相當吻合。山寨版手機是一種顛覆性產品，我
們以強大的核心技術研發手機，這應該是很成功的組合吧？」
大偉簡單的回答：「這是一項相當好的研發計畫，也可能是未來
一個相當成功的顛覆性產品。但是這成功的顛覆性產品和核心
技術還不足以保證創新和研發的成功，今天下午我們可以一起
討論」。

⇾機關槍和加農炮⇽

　　參觀完代工和研發單位，吃完午餐作短暫的休息後，小坤
和大偉一起到大會議廳，大約有 40 名中高階的主管在座。大偉
正式宣布今天的主題：「剛剛我參觀了貴公司的兩項重大計畫，
第一是研發白牌小型平板電腦，第二是研發白牌智慧型手機。
用貴公司的核心技術創造出的這兩項產品會成為顛覆性產品
嗎？能夠成就另外一個成功的產業嗎？能替公司賺到大量利潤
嗎？會是臺灣未來另一個明星產業嗎？這些問題都是決定產品
是否成功的重要關鍵，即使學習了第一和第二大秘密，我們仍
然無法回答，因此我們今天要更進一步的探討創新和研發的第
三大秘密——不斷實驗式的創新」。

🐟 圖 4-1 大型加農炮

　　大偉在白板上畫下圖 4-1，並一邊提問：「大家心中一定有疑問，為什麼要有『不斷實驗式的創新』？」大偉又繼續說：「我在服兵役時，曾經主掌大型加農炮的射擊。在訓練部隊實際射擊加農炮前，都是先以機關槍來作瞄準目標的訓練。剛開始射擊不太能夠瞄準目標，但經過不斷的學習和調整後，就很容易命中了。當學員都熟悉機關槍射擊，加上目標明確後，就能利用一兩發的大型加農炮消滅敵人了。這整個過程就像圖 4-2。

　　各位，多次的機關槍射擊練習就是不斷實驗式的創新。每次的學習和調整，可以幫助我們更接近目標，一旦確定後，再

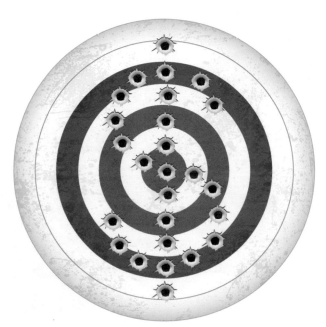

✛ 圖 4-2　射擊的標靶

投入大量資金完全攻略這個顛覆性產品。創新和研發必須要不斷實驗式的創新的理由有三：

1.創新和研發只有 1% 的成功率

　　在 1% 的成功率下，我們必須發射多次機關槍去做模擬、測試，如果只靠大型加農炮，是無法在創新和研發的競爭中成功的。例如 Apple 在發展出 iPod、iPhone 和 iPad 等產品之前，也經歷過網路攝影機 (iCube)、數位電影 (iTV, iVideo) 等嚴重的失敗，經過不斷實驗式的創新，才找到正確的目標。

2. 產品目標市場的不確定性

　　由於沒有任何市場調查或者研究可以準確判斷創新產品的市場應用，我們必須不斷實驗和試探產品才能夠確定市場。例如 1980 年代 Honda 成功設計出更輕、更簡便、體積更小的機車引擎後，企圖進軍美國，希望能以這項新產品稱霸美國的機車市場。然而，Honda 卻發現當使用者在高速公路上高速行駛時，經常會因此引擎馬力不足而出問題，因此並不被消費者喜愛；不過，這種引擎非常適合用於鄉村泥土路上，在休閒越野車市場中反而大受歡迎，這項產品意外地成為 Honda 的創新產品。

3. 難判斷新興市場的喜好

　　除了顛覆性產品的市場缺乏確定性外，也無法靠研究或調查判斷何種產品會在新興市場熱銷而成為核心產品和產業。最有名的案例是臺灣的頂新製油公司曾看好中國大陸市場，先後推出了食用油及蛋捲等產品，但市場銷售狀況並不理想。經由多方考察後，頂新決定投資方便麵，在中國大陸這個新興市場中不斷實驗和調整產品，最後終於創造出深受大眾喜愛的方便麵，這就是如今眾所皆知的『康師傅』品牌」。

☞遠離死亡界線☜

　　這時候陳董也加入討論:「基本上,創新和研發的第三大秘密——不斷實驗式的創新,就是為了針對創新的高失敗率以及新市場、新產品的不確定性,做長期抗戰的準備,從經驗中摸索下一個產業和產品。我想請問,像代工產業所能夠運用的創新和研發經費有限,我們如何能夠不斷實驗式的創新而不連累本業,且避免整個集團破產呢?」

　　大偉很高興聽到這個問題:「對於創新和研發經費少的企業來說,不斷實驗式的創新尤其重要。因為經費少,所以要將經費分成機關槍子彈,不斷地進行產品的實驗和市場的調整。只要保持這種方式,即使是小經費的研發,也可以發展出許多驚人的創新。另外,在研發經費的使用上,我建議用『遠離死亡界線』的方式來管理。」這時大偉轉身在白板上畫了圖 4–3。

　　「在圖 4–3 中,依據本業產生的現金和利潤以及企業的財政情況,定下死亡界線。死亡界線是指如果創新和研發的費用超過這條底線,而新產品和新市場的開發完全失敗,就會危及本業的營運,所以投資費用不能超過這條線。在死亡界線以下則應當大量使用子彈不斷的創新,雖然過程中會有許多失敗和挫折,但這是不斷實驗式創新過程所必經的。要不斷從實驗的失敗和挫折中學習、改良,直到成功為止,這就是第三大秘密所要傳授的主要內容」。

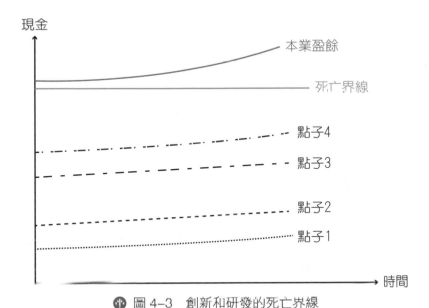

圖 4-3　創新和研發的死亡界線

　　小坤也加入討論：「受益良多啊！請問有沒有第三大秘密成功與失敗的案例呢？」大偉停頓了一下，然後說：「有非常多失敗案例，而且很遺憾的，很多都發生在臺灣。從這些案例可以歸納成四種類型，它們不同於先前所說的機關槍實驗式的創新，而都是以加農炮射擊，或許射擊幾次沒有命中目標，或者命中目標但是彈藥已絕，落得無法持續創新而賠錢收場，甚至倒閉的下場」。

❊第三大秘密的失敗案例❊

「關於實驗式的創新，我舉幾個失敗的案例讓大家參考：

1.直接跨入另一個產業

1980 年代的日本是典型的案例，例如 Sony 進入娛樂業、Toshiba 進入硬碟業、花王 (Kao) 進入軟碟業、Kubota 進入磁碟片業、Yamaha 進入磁碟零件業。這些日本大廠在 1980 年代不斷用大型加農炮射擊，瘋狂的投入新領域，試圖用本業強大的財力和人力跨足新市場，結果都是落荒而逃。

2.買專利權

臺灣的光碟產業藉由買 Philips 和 Sony 等大廠的專利權進入新市場，買到專利權後，再投入大量資金和建造大規模的廠房。雖然前幾年的獲利不錯，但是最後因為缺乏不斷實驗式的創新，而無法延續產業榮景。

3.結合聯盟方式

這是指與其他企業結成聯盟發展新產品和新產業，臺灣的動態隨機存取記憶體 (dynamic random access memory, DRAM) 和面板產業都是屬於這種方式——和國際企業聯盟取得部分技術後，投資幾千億元瘋狂的擴廠。這種方式所產生的產業規模

龐大，消耗國家大量的人力物力，即使發現目標不對也已經難以收手，損失也愈來愈大。

4.過度投資其他產業

例如臺灣太陽能產業一窩蜂的投資歐、美和日本小企業，取得技術後回臺或到中國大陸大量生產；但因為投資金額過於龐大，而當歐洲因為歐債問題大量縮減需求時，臺灣廠商無法即時順應市場需求作調整」。

大偉說到這裡，小坤插嘴：「抱歉，在您介紹成功的例子前，我有一個見解和您剛剛說的案例似乎有所不同。因為我有許多日本客戶，所以我瞭解日本企業進入一個新產品和新產業以前，都會成立研發和市場分析團隊，作詳盡的新產品研發和新市場開發調查，可能經過許多年的評估才會投入大量資本正式進入市場。日本人做事是出名的謹慎，也是不斷的分析產品和市場才下決定的，不是馬上就用加農炮射擊；同樣的，臺灣企業在決定進入新產業前，也應該經過很長時間的考慮和分析，那為何還會失敗呢？」

大偉馬上接口：「您說得很正確。日本和臺灣企業都有優秀的領導和管理階層，在進入新產品和新產業前，是經過非常有條理的分析才作決定的，但這些準備工作只是紙上作業，就像到靶場觀察地形，並沒有實際以靶場的子彈射擊。不斷實驗式的創新的關鍵點是進入新產業後用機關槍射擊，才能試探市場真實的反應，不斷的調整以符合市場需求，最後再大量投資、掌握市場」。

➢第三大秘密的成功案例➢

大偉繼續補充說明：「如果沒有其他問題，那我再舉一些成功的案例，聽完之後，成功和失敗的對比就更清楚了。應用不斷實驗式的創新也有四種不同的方式：

1.快速進入市場

以最快的速度將尚未完全符合理想的產品推入市場，再根據市場的反應和顧客要求改良產品，而後完全掌握整個市場。

例如 Apple 發展 iPod 就是一個典型的案例。在第一代 iPod 研發過程中，賈伯斯要求產品必須在 6 個月內上市，在緊迫的時間壓力下，許多設計並不十分精良，尤其是儲存音樂的微硬碟機的功能和尺寸並不是賈伯斯理想的產品。不過第一代 iPod 上市後得到很好的迴響，也聽到不少對產品的抱怨，賈伯斯再藉此改良 iPod，用固態記憶體取代微型硬碟機，然後開創 iPod nano、iPod shuffle 等創新的產品。不僅僅是 iPod，其他 iBooks、iPhone、iPad 等產品，都是依循相同開發的方式。

2.先進入小市場測試

在新產品大量進入市場前，先選擇小區域市場作實驗性的產品測試和市場調整。例如美國的家庭用品企業寶僑 (Procter & Gamble, P&G) 就是這類型最典型的企業。P&G 雖然是以販

賣洗髮精、嬰兒用品、洗衣精等傳統家用品為主，但是創新是P&G多年來的傳統，它們的企業精神是『促銷只會增加幾個月的市占率，創新卻能增加幾十年的市占率』。在新產品上市前，P&G會先發放免費試用品蒐集顧客使用反應，然後再逐步調整產品，一直到新產品符合所有條件後，再推廣至全美市場，甚至全世界。

3.內部投資型

藉由樹立不斷實驗式創新的企業文化，在企業內部鼓勵員工創新，並且成立新產品創新計畫。這種方式的典型代表是Google，Google不但鼓勵員工至少用20%的時間投入本職以外的產業和技術研究，從綠能、太陽能、電動車、能源節約，甚至到直達外太空的電梯等都有，鼓勵員工大膽的進行各式各樣的創新。Google對失敗有很高的容忍度，並希望每個員工都能有失敗的經驗，並從失敗中找到令人驚喜的創新。

4.外部投資型

為了減少對本業的負擔和降低風險，剛起步的小企業可建立風險資本 (venture capital) 投資創新計畫，藉由眾多的創新產品，學習和瞭解未來市場和顛覆性產品的方向；等產品和市場時機成熟時，再一併投入人力和資金。Intel就是這類型的典型案例，Intel設立了英特爾投資公司 (Intel Capital)，對具有創新科技的小企業進行投資，進而建立一個互聯的經濟網絡」。

⇉成功和失敗的區別⇇

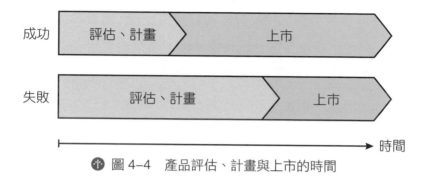

🔮 圖4-4　產品評估、計畫與上市的時間

　　大偉講到這裡，走上講堂在白板上畫了圖4-4，繼續說：
「各位，根據前面分析的案例，我們可以看到成功和失敗的案
例有一個很明顯的區別，就如圖4-4一樣，失敗的案例花了大
半時間評估和計畫，但因為沒有產品，所以短時間就決定發射
大加農炮；相反的，成功的案例用很短的時間評估和計畫，而
決定產品後則立即做成初級產品上市，接著在市場中學習、改
良產品、再重新推上市場，不斷進行這個程序，直到找到顛覆
性的產品為止。

　　如果沒有經過不斷實驗式的創新，再多的顛覆性產品和世
界級的核心技術都只是紙上談兵，抽象且不實際。如果我們將
第一大秘密──創造顛覆性的產品比喻為麵粉，　第二大秘密
──世界級的核心技術是水，那麼第三大秘密──不斷實驗式
的創新就像是酵母菌，必須經過酵母菌的發酵，麵粉和水才可

以融合製成可口的饅頭」。

　　小坤開玩笑說：「將麵粉、水和酵母菌製成饅頭是很有意思的比喻。我知道臺灣有許多第四類的實驗式創新——外部投資型，企業本身所提供的基金相當多，也投資許多不同領域。但是臺灣企業很少採用前三種類型的實驗方式」。

　　大偉說明這四種實驗方式的不同：「在不斷實驗式的創新中，第一種和第二種方式最有成效，但是也最難，這種創新方式完全由企業掌握所有核心技術和產品，企業必須擁有很堅強的創新文化和系統才能夠順利應用；第三種方式則可以說是第四種方式的改良版，企業為了掌握核心技術和產品，將外在的投資改為對內，讓有創新意願的員工不斷提出實驗性的創新點子，再由企業支持，美國高科技企業非常普遍使用這種內部投資方式；至於您剛剛提到的第四種外部投資型，在 2000 年網際網路盛行前非常普遍，但這類型的實驗方式已經逐漸被拋棄，因為外部投資型就像很多臺灣企業在矽谷投資一樣，雖然能獲得許多創新的點子和新產品的觀念，但是因為無法掌握核心技術和產品，很難再進行後續的改良而發展成下一代顛覆性產品。因此，即便像 Intel 這種大企業也慢慢擺脫這種方式，而改用其他三種進行實驗」。

　　這時候，陳董為了化解心中疑問，開口問道：「聽完您講解和分析第三大秘密，不斷實驗式的創新的道理不但簡單，在執行上也不是很困難，但為什麼企業無法有效的應用這種方式發展顛覆性產品和產業呢？」

⇒ 創新的阻力 ⇐

大偉很高興聽到這個問題，它很貼近今天的主要議題，他回答陳董的問題：「您有沒有聽過英國海軍元帥 Scott 和美國海軍元帥 Sims 的故事？」臺下的聽眾一頭霧水，海軍與創新和研發的第三大秘密到底有何關連？

大偉解釋：「聽完這個故事以後我們可以很容易瞭解為什麼不斷實驗式的創新在真實世界中有很大阻力：

1. 1898 年英國海軍

雖然 19 世紀英國海軍稱霸全世界，但因為船會隨著海浪傾斜和翻滾，架在船上的炮臺也隨船不斷傾斜和翻滾，因此射擊十分困難，命中率不到 20%。當時海軍軍官 Scott 一直想解決這個問題，有一天他發覺某一座炮臺的命中率比其他都高，因此他特別觀察操作這座炮臺的小兵的射擊情況。Scott 發現，每次發射炮彈時，小兵都刻意用力去調整炮架，以降低船上的傾斜和翻滾所造成的影響。因此，Scott 將炮架改為和船分離的型態，讓炮架不再會隨著船擺動而不平穩，順利提升了命中率。除此之外，他又再進一步將瞄準器裝置和炮架分開，造就了 19 世紀海軍射擊重大的創新，將射擊命中率在 6 年內提高 30 倍。

2. 1900 年美國海軍

這時候，大西洋另一岸的美國海軍軍官 Sims 聽說了英國海軍 Scott 成功提升了連續瞄準發射的射擊命中率後，自己也做了多次實驗，結果也證實這種射擊方式比美國海軍原本的射擊命中率高出很多。Sims 將這個結果和創新概念寫成報告，送到海軍總部，但沒有得到任何回應。Sims 沒有放棄，又寫了一份更詳細的報告，報告中不但包括所有的實驗結果，也描述如何去改造炮臺和瞄準裝置，將炮臺改良成可以連續瞄準射擊。他親自向海軍總部的負責人報告，結果海軍總部經過評估以後，結論是炮臺不可能做連續性瞄準射擊，而且總部認為這個新方式並不比海軍現有的射擊方式更有效，因此拒絕和 Sims 更一步深談。Sims 非常生氣且失望，但是他沒有放棄，他決定直接上呈當時的美國總統羅斯福 (Roosevelt)。羅斯福本身也是海軍出身，閱讀完 Sims 的報告後，任命他到海軍總部專門負責美國海軍的改造計畫，最後 Sims 順利地將美國海軍改造成世界第一，被美國海軍尊稱為『教導我們射擊的人』(The man who taught us how to shoot)」。

⇢ 實驗創新的必備要素 ⇠

大偉停了一下，繼續說：「從英國海軍和美國海軍的故事，我們可以整理出不斷實驗式的創新有三項成功必備要素，缺一

不可。我也另外舉出幾個因為欠缺這些要素,而錯失創新機會的案例。在歷史上至少有九成以上的案例都是失敗的,其實我們可以把失敗的案例當成借鏡,避免重蹈覆轍:

1.見人所未見

　　不斷實驗式的創新中,領導者和團隊必須看到別人沒有注意到的地方。如果不是 Scott 特別的觀察能力,和有毅力的印證及實驗,英國海軍也不會產生驚人的高射擊命中率的跨時代創新。

💡 **失敗案例**:2000 年臺灣的大學校園很流行在電子布告欄系統 (bulletin board system, BBS) 上面交流意見,BBS 提供大學生自由發表意見的平臺,像是 Facebook 的前身,當時全臺的 BBS 站超過 2,000 個。但是臺灣卻少了像 Facebook 創辦人馬克佐柏格 (Mark Zuckerberg) 這種擁有不凡的眼光和想像力的人,沒有人將 BBS 社交網路的功能轉換為一項創新的產品,因而錯失創新的機會。

2.即使受到排斥和拒絕也不放棄

　　創新必須改變既有的技術、產品或文化,因此很容易受到當事者的排斥和拒絕。例如美國海軍軍官 Sims 上呈了周詳的報告卻沒有人理會,即使再次親自會見上級,也只得到負面的回應,但他卻不輕易放棄,才能成功將創新帶入美國海軍。

💡 **失敗案例**:主宰 1980～1990 年代小型電腦市場的 DEC 公司,在 1990～2000 年,個人電腦逐漸取代小型電腦時,DEC

也因應時勢先後推出 5 項個人電腦的創新產品。 但是當時 DEC 主掌小型電腦的領導階層缺乏對個人電腦的瞭解，加上錯誤的市場判斷，不斷的排斥和拒絕個人電腦產品的發展。為了減少工程人員設計的負擔，這些領導階層要求個人電腦部門必須使用小型電腦 Alpha 微處理器， 使得生產成本大增，售價無法和競爭者抗衡，最後 1998 年 DEC 被個人電腦大廠康柏 (Compaq) 收購。

3. 上級的支持

一個創新產品的成功， 除了個人要具備見人所未見的想像力、不放棄的決心，還必須有上級的支持。如果不是羅斯福總統對 Sims 提出的報告有很大興趣，射擊創新改造計畫就不會發生。

🔵 **失敗案例**：美國全錄公司 (Xerox) 的 PARC 研究中心雖然研發出很多電腦、網路、通訊的創新技術，可惜的是，Xerox 的領導者對於影印機以外的創新既不瞭解也不關心，更不支持。結果，Xerox 將許多創新技術拱手讓人，反而造就了數百家矽谷新興企業的成長」。

⤳ 創新的標準流程：創新三角形 ⤶

大偉停下來問問大家有沒有其他問題，這時候陳董接口問：「有沒有進行不斷實驗式的創新標準流程可以讓我們在每天的工作中學習和沿用？」

　　大偉很快的回答：「有的，我要介紹給大家一個新觀念，稱為『創新三角形』。在介紹創新三角形前，大家一起來看看圖4–5。

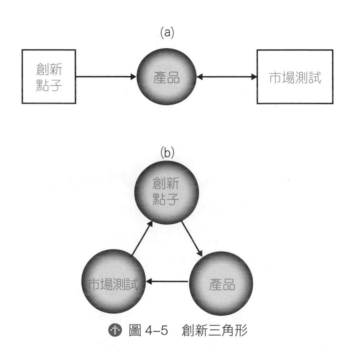

⊕ 圖4–5　創新三角形

　　圖4–5 (a)是一般企業所用的直線型創新流程。企業內部決定創新的點子後，發展成產品，然後進行市場測試，再由市場測試結果回到產品改良。這種直線式的流程沒有效率，更沒有學習的機會。

　　世界一流創新公司則依循圖4–5 (b)的創新三角形來進行創新流程。提出創新點子後，很快地創造產品，經過市場測試後，再回到創新階段，創造另一個改良的創新產品，這個不斷

循環的三角形成為每天創新的流程。雖然剛開始循環比較慢，不過隨著團隊的經驗增加，加上學習和技能的提升，速度會愈來愈快，創新的功能和成效也日新月異，成為世界級的創新團隊」。

　　陳董接口:「能夠舉些案例來說明成功的創新企業如何應用創新三角形的制度嗎？還有如何應用到企業的創新產品執行上？」

　　大偉特別走下臺，到陳董身旁說明：「就用先前提到的 Sony 為例，當 Sony 在 1970 年代開始開發電晶體收音機時，產品的音質和品質都不夠理想，但是 Sony 仍決定將其送到市場測試。起初的市場反應令人十分失望，使用者對這個小尺寸、音質差的新型收音機興趣缺缺；Sony 遂依據市場測試結果將產品再送回改良後，再次送到市場測試，結果 Sony 發現年輕人喜歡用這種小型收音機和朋友一起享受音樂和廣播。有了這個新發現之後，Sony 又再開創新產品，針對年輕人喜歡時髦、注重個人隱私的特點，推出可用耳機直接收聽的收音機，也就是我們現在所說的 Walkman 隨身聽。Sony 藉著創新三角形的流程，不斷開發創新產品，在 1970 年代後成為世界知名的一流創新企業」。

　　說完 Sony 的故事，大偉繼續說：「貴公司的兩樣創新產品也需要採取創新三角形的開發流程。第一次的循環（創新點子 → 產品 → 市場測試 → 創新點子）也許需要 12 個月，第二次可能只需要 6 個月，經過愈來愈多次後，循環周期會愈來愈短。這種創新速度的增進，就是成功創新的最大保證」。

加快創新的腳步：
學習團隊的五角形

　　這時候陳董又接口問：「創新三角形的確提供不斷實驗式創新良好的運作方式，不過在日常創新過程中，我們要如何加快創新的腳步？」大偉很快的回答：「要加快創新的腳步，我們必須成為『學習的團隊』。」陳董急忙又問：「什麼是學習的團隊？如何才能夠成為學習團隊？」大偉瞭解陳董事長和同仁對創新腳步加快和學習的團隊的疑惑，走回講堂前端向大家說明：「學習的團隊基本上包含 5 個步驟， 我稱為 『學習團隊的五角形』。」 這時大偉很快畫下圖 4–6，繼續說明：「學習團隊的五角形主要有以下五個步驟：

1.發掘物理基礎

　　團隊在開發新的技術和產品之前，必須找出產品所需的物理現象或者已有的基本原理。

2.實　驗

　　實驗的目的是印證創新的基本原理是否正確？和原理的描述是否吻合？理論和實驗有多少的相同和不同點？

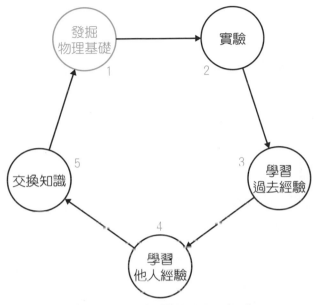

圖 4-6　學習團隊的五角形

3.學習過去經驗

有了實驗結果後，到了步驟 3，將原有的核心技術和過去學習而來的知識，結合到新技術和產品中。

4.學習他人經驗

只有步驟 3 還不夠，必須加上步驟 4，學習其他企業或產業的技術和知識，將這些知識結合到自身的新技術和產品中。

5.交換知識

最後步驟 5 要整理步驟 1～4 的所學，團隊討論確認所有成員都已吸收在各個步驟所獲得的知識，然後再重新回到步驟 1 開始學習。

在學習團隊的五角形中，如果一個團隊每天都能學習和累積新知識，在產品創新上必定可以輕鬆的擊敗競爭者」。

這時候，小坤很快的接口，說：「聽起來很有道理，您能夠舉例說明世界一流的企業是如何執行學習團隊的五角形嗎？」大偉回答：「我就用自己所帶領的團隊來說明世界一流企業的日常工作方式。當今的物理現象預測 『1 平方英吋 1 兆位元 (1Tb)』是硬碟儲存密度的極限，如果沒有新的研發，就再也不會產生創新產品。因此，由步驟 1 開始，我們首先研究物理定律是否能進一步提升現有產品，有了理論支持後，則由實驗印證物理現象；到了步驟 2，我們發現許多實際應用的問題；很快的，團隊就進入步驟 3，從過去經驗中找出可以用來解決創新技術問題的基本機械和材料製程，不過因為是開發新技術，現有的產業技術和知識可能無法解決創新產品所需的技術；當我們的創新團隊進入步驟 4 後，發現可用雷射和光學產業的儲存技術，來解決技術問題。雖然硬碟產業對雷射技術不瞭解，但是在光纖通信產業中，這其實已是非常成熟的技術和知識；最後，團隊整理和交換所有步驟所學習的知識，這新知識就成為團隊創新的新出發點，重新回到五角形的循環。每經過一個

步驟，團隊知識水準就向上升一級，這就是成功的學習團隊五角形」。

沒有物理基礎的
學習團隊五角形

小坤聽完大偉解釋後，還是有疑問，又問：「您所說的硬碟案例，因為創新產品十分明瞭，且硬碟在多年的投資和研發上也有十分強大的基礎，因此可以明確的判斷技術的界限，並設計一套相當完整的創新產品藍圖。在明確物理理論引導下，很容易應用學習團隊五角形累積知識，加速創新。但像是電腦產業沒有物理基礎掌握新技術和產品的開發，又該如何應用這學習團隊五角形呢？」

大偉很快的回答：「這是一個相當好的問題，如果沒有步驟1的物理基礎，如何應用學習團隊五角形呢？其實應用道理很簡單，只要將五角形的第一邊轉變成『解決技術問題』就可以了。就像圖4–7。

這類型的學習團隊五角形很容易能應用到小型平板電腦和智慧型手機的顛覆性產品。首先是步驟1解決技術問題，檢視未來顛覆性產品問題，即使是低價位、山寨版的產品，也可能發現軟體基本技術的不足，因此企業必須自己研發軟體，然後配合硬體進入步驟2實驗測試，接著再逐步進入步驟3～5，最

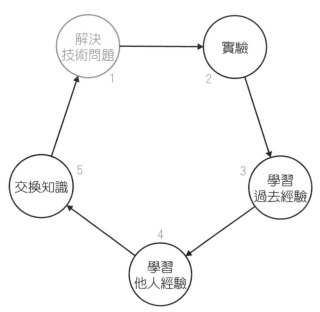

⊕ 圖 4–7　另一類型的學習團隊五角形

後回到步驟 1 重新循環，這就是創新的學習團隊」。

　　大偉再進一步解釋學習團隊五角形的廣泛應用：「學習團隊五角形不僅可以運用在創新和研發上，每一個單位都可以應用它增進效率。例如可以幫助生產和製造單位發現問題、解決問題，並且加速團隊解決問題的速度和效率；同樣的，財務、資訊科技、人事部門等也都可以採取這種方式，成為不斷學習的單位。貴公司必須即刻採取這個學習團隊五角形，這是企業成敗的關鍵」。

⇥一百次 no 和一次 yes⇤

陳董再發問：「從剛才的學習中，我體會到企業應當擴大思考是否有其他可能的顛覆性產品，不應局限於平板電腦和智慧型手機，因為我們實在無法判斷未來獨特的顛覆性產品是什麼？即使是賈伯斯帶領的 Apple 創新團隊，也是經歷許多不同嘗試，才發展出眾多產品，因此我決定再擴大顛覆性產品的創新範圍和規模。可是要如何取得創新的發展和控制之間的平衡呢？」

大偉很高興聽到這個問題：「在不斷實驗式的創新中，因為創新能力和速度不斷加快，會產生很多點子和可能的顛覆性產品，如何管理是一門很大的學問。我所學到最好的方式是賈伯斯所說的 ：『人們以為專注的意思就是對你關注的事物照單全收。其實專注是指你必須對另外一百個好點子說不，你必須謹慎地作出選擇 。』 (People think focus means saying yes to the thing you've got to focus on. It means saying no to the hundred other good ideas that there are. You have to pick carefully.) 當我們依循創新三角形的流程和學習團隊的五角形，成為有效率的創新團隊後，雖然每天都會有新的創新點子和產品，但可能其中 99% 有功能或技術的不足、市場還未形成、或者遠離核心技術等問題。因此領導者必須勇敢的說一百次的 no，而唯一的一次 yes 就是加農炮的射擊準備，當團隊習慣這個模式，不斷實驗式創新的程度就達到世界級水準了」。

第三大秘密的領導方式： 3M 系統

陳董很滿意「一百次 no 和一次 yes」的回答，再次追問有關領導的問題：「我的下一個問題是，在執行創新和研發的第三大秘密時，領導者必須用何種方式領導這個複雜的創新和研發工作？」

大偉很快的回答：「我將領導的方法稱為 3M 系統，分別是意義 (meaning)、管理 (management) 及衡量 (measurement)」。

1.第一個 M：傳達創新的意義是什麼？

⑴創造顛覆性的產品。

⑵創新世界級核心技術。

⑶必須靠創新三角形來實驗。

⑷必須用學習團隊五角形成為不斷學習的團隊。

2.第二個 M：如何管理創新？

⑴創新產品的收入必須占營業額固定的比率。

⑵要不斷破壞自己的產品。

3.第三個 M：如何衡量創新的成果？

⑴衡量創新產品的收入所占營業額的成長率。

⑵衡量創新的成效和速度。

陳董很快的問道：「第一個 M（意義）我可以瞭解，也知道藉由溝通創新和研發的意義，能讓創新和研發成為企業的目標和願景。但是第二個 M（管理）和第三個 M（衡量）就十分抽象。我不瞭解如何利用這兩個 M。」大偉特別走到陳董事長身邊，然後說：「我用以下幾個案例來說明該如何應用 3M 系統來管理創新和研發工作」。

⇢「管理」創新和研發的方式⇠

1. 3M 公司：日常生活用品

3M 是全世界公認的創新企業，不同於高科技產業，3M 的創新是多元多樣的，從化學核心技術，研發出數萬種日常生活的創新產品，包括貼紙、膠帶、砂紙、螢幕保護膜等。3M 公司的執行長設定 「3～5 年內研發出的新產品必須創造出 20～25% 的營業額」的標準，這項要求不但鼓勵員工不斷創新，也同樣警惕了領導階層，若無法達到要求就會被淘汰。

2.惠普 (HP)：印表機

HP 的執行長要求全公司都必須不斷創新，不斷挑戰自己，推出創新產品以取代自己市場上的舊產品。在 1990 年代，HP 雷射印表機成為大量獲利的創新產品，而後經過不斷創新，又開創出採用新興雷射墨水 (laser ink) 的印表機，取代了 HP 原本的雷射印表機，也為 HP 創造了大量的利潤。

⇝「衡量」創新和研發的方式⇜

大偉轉頭問大家：「大家如果沒有其他問題，現在我們就一起來談談第三個 M（衡量）。第三個 M（衡量）是指領導者衡量創新的方式，創新過程中勢必會投入大筆資金，若無法衡量創新和研發的成效，則沒有辦法即時做調整，成為所謂的『盲目的飛行』(flying blind)。以下兩種衡量方式可以供各位參考：

1.創新三角形的循環速度

我們可以用創新三角形的創新點子 → 產品 → 市場測試的周期長短衡量創新的速度和效率。就像圖 4–8。

一開始創新三角形的周期是 12 個月，表示必須花 12 個月學習創新產品；經過一段時間後，周期逐漸遞減為 10 個月、8 個月、6 個月……。不斷地衡量創新的速度和周期性是管理創新與研發的有效工具。

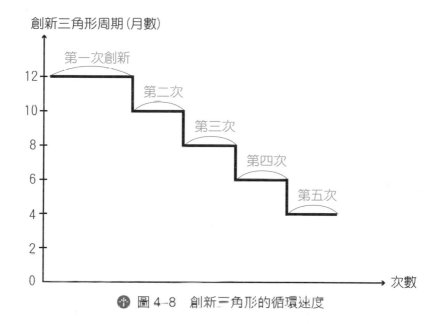

創新三角形周期 (月數)

第一次創新

第二次

第三次

第四次

第五次

次數

🌐 圖 4-8　創新三角形的循環速度

2.創新產品產生的利潤比率

　　可訂定一個營業額的衡量標準，例如近 3 年內的創新產品至少要創造出營業額 20～30% 的利潤，才可視為有效的創新。

　　領導階層必須用圖 4-9 的方式來衡量創新和研發的成效。從一開始沒有任何的創新產品，到創新逐漸出現成效，3 年內的創新產品可以創造出 0～10% 的利潤，當企業逐漸成長到創新產品可以維持 20～30% 的利潤，就達到了一流的創新效率」。

　　大偉看一看牆上的鐘後說道：「我想我就先說到這裡，今天很榮幸的和大家一起分享創新和研發的第三大秘密，從各位的問題中我也學到很多，希望各位從這第三大秘密中學到創新過

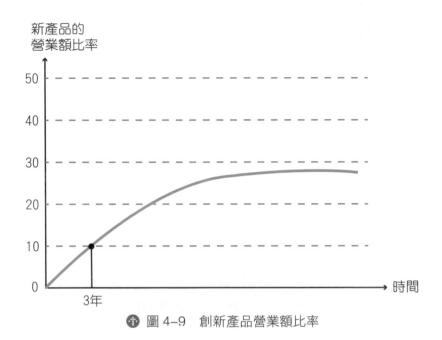

圖 4-9　創新產品營業額比率

程所需的技巧和成功的要領，謝謝大家！」這時候，陳董示意
小坤作個總結：「今天我們十分榮幸邀請這樣傑出的臺灣之光和
我們一起分享第三大秘密，我相信大偉的教學提供大家一個很
清楚的方向，不但讓我們認識了創新和研發，也見識到何謂世
界一流的創新和研發，以及創新和研發的過程，更明瞭如何去
成功的執行，接下來就要靠我們自己去完成它了」。

第三大秘密座右銘

最後，大偉很快站起來說：「謝謝各位同仁的支持，我的團
隊執行第三大秘密時，所用的座右銘有兩句話：

‧Diamond is found only under extremely pressure and heat.

只有在高壓、高溫之下才會形成鑽石。

‧Innovation can only be achieved through failures and frustration.

唯有經歷失敗和挫折，才能成就創新。

我想只要各位記得這兩句話，在這不斷實驗式的創新中，即使失敗也要愈挫愈勇、不斷向前，最後成功必然到來。大家一起加油，成為臺灣創新的榜樣」。

創新和研發格言

What is a learing organization?

An organization skilled at creating, acquiring and transforming knowledge, and at modifying its behavior to reflect new knowledge and insight.

什麼是學習型組織？

一個組織可以不斷地創造、獲得和轉變知識，並且善於透過習得的新知和創見不斷地調整自己的行為。

戴維加文 (David Garvin)

哈佛商學院教授

小　結

◈ 由於創新和研發具有「只有 1% 的成功率」、「產品市場的不確定性」以及「新興市場難以判斷」等特性，所以我們必須執行不斷實驗式的創新。

◈ 利用創新三角形來進行創新流程：提出創新點子後，很快地創造產品，經過市場測試後，再回到創新階段，創造另一個改良的創新產品，維持這個過程不斷的循環。

◈ 利用學習團隊的五角形加速創新的腳步，依循發掘物理基礎、實驗、學習過去經驗、學習他人經驗以及交換知識等步驟，每天不斷學習新知。若沒有物理基礎的產業則可將第一步驟改為「解決技術問題」。

◈ 面對眾多創新產品的產生，領導者必須用「一百次 no 和一次 yes」來維持創新事業發展的平衡。

◈ 領導創新和研發的第三大祕密的 3M 系統：意義 (meaning)、管理 (management) 以及衡量 (measurement)。

第五章

創新和研發的第四大秘密

——機密、謹慎和保護智慧財產

　　早上八點鐘，小坤和司機一起在旅館外頭和大偉見面。小坤問大偉：「您昨晚有好好的休息嗎？今天將有一個很緊湊的行程，我們先一起到陳董的另外一個企業──薄膜靶材單位參觀靶材單位生產、研發以及所有未來的發展計畫。然後我們將開一個小型座談會，所有高級主管都會參加座談會，大家一起討論創新和研發的秘密。」車子很快停在一棟兩層樓的新建築前，靶材單位負責人豪洋和幾位主管一起在大門口接見大偉：「您好，我是豪洋，負責靶材單位，今天很榮幸的邀請您一起參觀和研討。」大偉親切的和大家交換名片、寒暄，陌生的感覺很快就消失了。

⇢ 靶材技術與創新 ⇠

　　首先大家一起參觀靶材製造過程的一貫作業，這是一項十分複雜的高科技作業程序，需要粉末冶金、微金屬粒子的製造技術，以及多種微金屬粉的機械混合，再經過機械成形、粉末燒結，最後成為產品。除了高超的技術之外，每塊靶材必須經過超音波檢驗，保證材料品質沒有任何缺陷。同時，每塊靶材還必須符合材料成分的規格標準。

　　豪洋一邊向大偉介紹製程，同時很驕傲的說：「本單位的靶材技術、製程和研發的能力是一流的，這種世界級技術和研發能力在臺灣產業是很少見的，這一點我和我的同仁都感到十分驕傲。」大偉也頻頻點頭讚許。

　　參觀完靶材製程後，豪洋又帶大偉參觀金屬的回收和製造生產線。由於靶材產業會大量使用金、銀、白金等金屬，因為價值昂貴，因此使用過後的舊靶材都會再回收。在參觀前，所有人員，包括豪洋和大偉都必須經過十分嚴格的金屬探測器檢測，防止任何金屬被夾帶出廠房。大偉低聲向豪洋說：「您們的金屬探測安全標準，甚至比美國防恐的標準要高出許多。不但檢查全身，連我身上的一元硬幣都被檢測出來，這是我碰過最嚴格的安全檢測。」豪洋不好意思的回答：「抱歉，讓您這貴賓也接受這些檢測。敝公司規定為了避免貴重金屬的遺失，我們必須採取這種方式，就算是董事長也都要經過這些程序。」大偉馬上回答：「很好，我瞭解，這是一項非常有效的貴重金屬安全檢測措施」。

第四大秘密──機密、謹慎和保護智慧財產

　　參觀完靶材和貴重金屬單位後，大偉和同仁們一起回到大會議室中。豪洋簡單地做了開場後，大偉很快走到講臺前，然後說：「謝謝大家，今天我很榮幸能參觀靶材的技術和製程，也見識到貴單位對貴重金屬的控制和謹慎。這項薄膜靶材的技術是世界一流的，也是臺灣未來創新和研發的重要核心技術。各位，有多少人知道這項核心技術未來的競爭者在哪裡？該如何

保護我們的智慧財產？如何保持核心技術長久的領先地位？」

豪洋率先開口回答：「現在的企業流動率高，員工很容易跳槽到另外一個企業。目前我們的競爭對手是一家德國企業和兩家日本企業，在技術水平一致下，我們目前的成本結構有很大的競爭優勢，至於崛起中的中國大陸企業則是蓄勢待發，一直在等待時機想取代我們。關於智慧財產的保護，我們有申請專利，但是並沒有特別的組織或者資源來經營這方面的事務。」豪洋回答後，大偉很快的接著說：「我們很容易瞭解貴重金屬的價值，因此用了十分複雜的檢測系統檢查每個人，就連來訪的貴賓甚至董事長都不例外。但是表面上看不到的核心技術，其實價值比貴重金屬還高了數十倍，竟然沒有一套管理和保護的措施。如果像我這樣一位外來人員，在沒有簽下任何智慧財產權保護的文件下，就可以參觀學習到世界一流的核心技術，那麼創新的機密和價值是沒有辦法維持的。」大偉道出他看到的問題。

大偉繼續說：「當一個一流創新團隊有了創新和研發的前三大秘密後，其所擁有的技術和創新能力就是競爭對手想學習、模仿的，在產業高度競爭的環境中，所有企業都想從競爭對手的手中學習或者偷取核心的技術和智慧財產。要如何應對這種狀況，就是今天我要和大家一起討論的『創新和研發的第四大秘密 —— 機密 (secret)、謹慎 (paranoid) 和保護智慧財產 (protection)』，簡稱 SPP」。

豪洋首先發問：「您剛剛提到的 SPP 與創新和研發是什麼

關係呢？」大偉瞭解大家對 SPP 名詞的陌生，很快的回答：「隨
著企業的創新和研發漸漸在市場打出名號後，SPP 也會隨之成
長，秘密的保持、競爭和智慧財產的保護會變得複雜而且困難。
一個成功的創新與研發的企業，尤其像 Apple、Google、IBM
等明星企業的 SPP 就相當龐大。」大偉在白板上畫下圖 5-1 ❶。

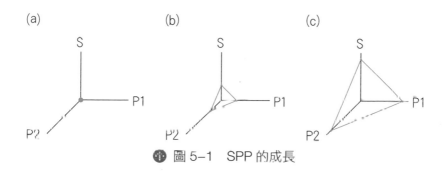

❸ 圖 5-1　SPP 的成長

「一開始沒有創新產品和核心技術時，就像圖 5-1 (a)，
SPP 中的機密、謹慎和保護都不明顯，創新和研發的發展潛力
很高，且不會引起競爭者的注意力；到了圖 5-1 (b)，當企業有
了創新產品及核心技術後，SPP 就會向外擴充，這時候要維持
機密、擺脫競爭者和保護智慧財產就變得困難；如果繼續增進
創新和研發，不斷的推出創新產品，就成為人人都有興趣的明
星企業，像圖 5-1 (c)，競爭者會採取模仿、偷取商業機密、推
出競爭產品、專利和智慧財產保護和法律等各種行動跟進、搶
占市場。最有名的案例是 Apple 推出 iPhone 和 iPad 等熱賣產品
後，它變成全世界最大的明星企業，Samsung、HTC、

❶　圖 5-1～圖 5-6 中，S 為機密、P1 為謹慎、P2 為保護智慧財產。

Microsoft 、 Amazon 等各國的大企業都不停挖掘 Apple 創新的
秘密；Apple 也對 Samsung 和 HTC 等競爭對手採取法律措施，
以保護自身產品的智慧財產權。企業規模愈大，創新愈成功，
就愈難維持和保護 SPP」。

⇢SPP 與創新產業的關連性⇠

　　大偉一停頓，小坤也提出問題：「您提到像豪洋負責管理的
靶材單位有世界一流的核心技術和產品，必須妥善管理 SPP，
才能夠保證創新和研發的成功，這突顯 SPP 對創新成功的重要
性。我們能不能從產業的歷史中學習到 SPP 和創新產業的關連
性呢？」

　　大偉很快的回答：「非常好的問題，如果 SPP 是創新和研
發的第四大秘密，那麼在產業歷史上一定有跡可循，我們可以
一起看看這些案例。

　　圖 5–2～圖 5–6 很清楚的分析了五個典型國家在創新產品
和 SPP 的演變。從這些國家的產業變化，以及對 SPP 政策和管
理的分析 ， 我們就可以瞭解如何用 SPP 保證創新與研發的成
功，尤其是擊退不斷侵入的新興企業：

1.日　本

　　如圖 5–2 所示，日本在 1960 年代的 SPP 很低，大部分創
新產品都是沿襲美國高科技企業，從科技文獻的學習，以及從

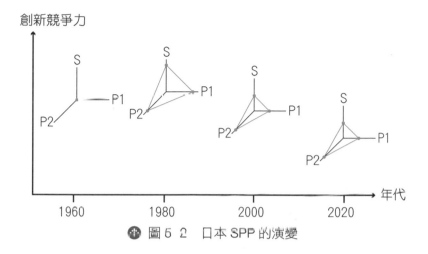

創新競爭力

年代

1960　　　　　1980　　　　　2000　　　　　2020

🌐 圖 5-2　日本 SPP 的演變

IBM、Bell Lab 等大型實驗室發展的技術與創新來開發產品；逐漸的，日本加速創新的速度，全世界都開始感受到日本產品的威脅，到了 1980 年代日本的 SPP 成為世界級的明星企業；但是隨著 SPP 的擴大，也是日本企業創新產業衰弱的起點，在 2000 年後，日本有著明星企業的 SPP，但已經完全失去創新產業的領先地位；若日本不盡速採取相關措施因應，我推測到了 2020 年，日本的創新產品在世界市場就不再具有舉足輕重的地位了。

2. 韓　國

　　如圖 5-3，韓國在 1960～1980 年間只是一個很小的亮點，很少受到世界的重視和注意；而隨著韓國企業在創新市場愈來愈有成就，在 2000 年以後韓國的 SPP 受到全世界的注意，也

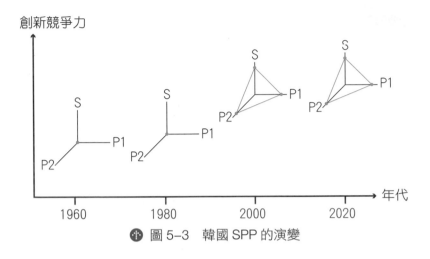

創新競爭力

年代

1960   1980   2000   2020

✦ 圖 5-3　韓國 SPP 的演變

成為日本及歐、美企業重要的競爭對手；韓國在 2000～2020 年
將成為世界上創新產品的主要來源之一，它的 SPP 也象徵著明
星企業的指標。韓國企業當今的挑戰是在不斷擴大創新產品的
同時，也能維持低調的 SPP 狀態並不斷創新，否則韓國也會像
當初它取代日本一樣，早晚被其他國家取代。

3. 中國大陸

　　從圖 5-4 中可以看到，1960～2000 年，中國大陸在完全沒
有 SPP 的包袱之下發展創新產品，因為沒有人防備中國大陸在
創新產品的競爭力，因此它的發展非常快速；但是隨著中國大
陸在世界市場逐漸站穩腳步，它的 SPP 也變大了，成為世界各
國防範的對手，因此在 2000 年之後，中國大陸的創新產業將面
臨很大的阻力。

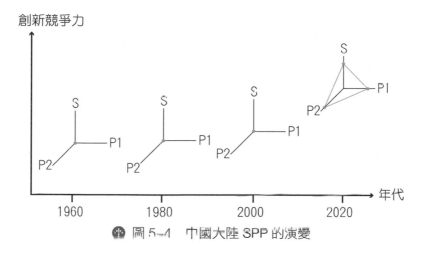

🔁 圖 5–4　中國大陸 SPP 的演變

4. 美　國

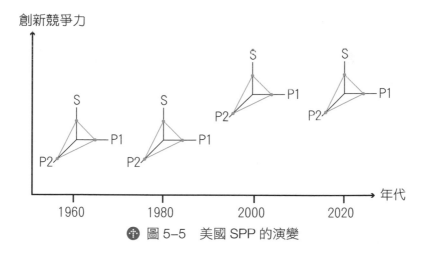

🔁 圖 5–5　美國 SPP 的演變

　　如圖 5–5，美國在二次大戰後主宰了全世界的市場，擁有全世界最顯著的 SPP，所有明星企業基本上都在美國。在 1960～

1980 年間，美國因為未善加於管理 SPP，對日本企業不夠謹慎，因此在這段時間創新產品遠遠落後日本；1980 年後，美國企業開始防止機密外洩，謹慎的應對與日本及亞洲新興國家在創新產業的競爭，並且以大量的專利、商標以及法律行動來防止創新技術和產品的外流；因此在 2000 年之後，美國的創新產品引領了世界潮流，同時將 SPP 披上隱形的保護罩，在完全機密、謹慎和保護智慧財產的環境下進行創新和研發。

5. 臺　灣

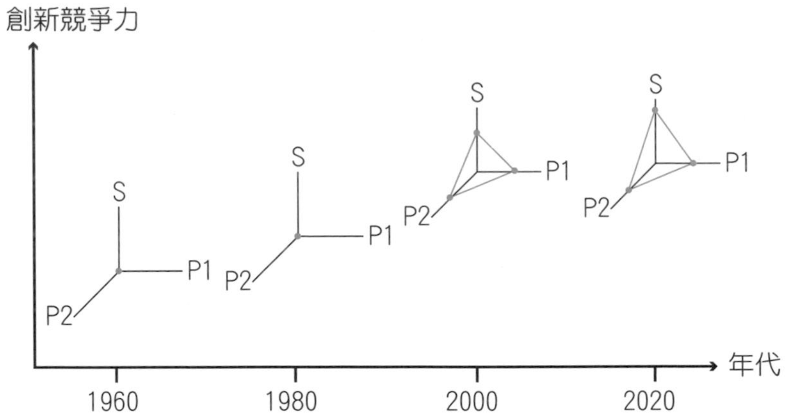

圖 5–6　臺灣 SPP 的演變

如圖 5–6，臺灣在 1960～1980 年間靠著傳統產業和電子加工業創造第一次經濟奇蹟，雖然當時大部分的產品都是臺灣製造 (made in Taiwan)，但是在創新產品的世界中，它的明星度非常得低，他國的高科技企業並不感受到競爭壓力；1980～2000

年，臺灣成為世界聞名的創新產品中心，隨著創新產品的增加，外國企業對臺灣的注意、防範和模仿也增加了很多；2000 年以後，即使臺灣的產業已經不再創新，不過因為一旦在世界創新舞臺上成名後，SPP 就很難低調，所以臺灣的 SPP 還是會很高。未來臺灣必須注重 SPP 的保護，致力隱形創新產業，採取機密的全方位保護措施，才能夠再次重回世界創新產業的領先地位」。

大偉在這裡停了一下，問問大家有沒有疑問。豪洋首先發言：「從您所剖析的 SPP 和世界創新產業的歷史中，基本上我可以歸類出以下的重點：

1. 隨著國家創新產業的成功，SPP 會愈來愈龐大，成為眾所矚目的焦點。
2. SPP 愈引人注目，創新產品的成功率就愈低。
3. 要保證創新和研發的成功，必須妥善管理 SPP，這也就是為什麼 SPP 是創新和研發的第四大秘密。如果沒有掌握 SPP，就無法成為世界一流的創新和研發團隊」。

大偉讚許：「太好了，這是最貼切的總結。」豪洋繼續提問：「像我工作的靶材單位因為具備世界一流的產品和技術，必須特別重視 SPP，否則就會成為失敗的創新者。您能夠提供成功和失敗的案例，讓我和同仁更容易去學習和管理 SPP 嗎？」大偉回答：「沒有問題，那我就用以下失敗和成功的案例來說明，聽完以後我想大家應當會對 SPP 的涵義和作法，有更深刻的瞭解」。

美國汽車企業失敗的 SPP

在 1960 年以後，日本以優越、高品質、省油的汽車在美國銷售，美國汽車業者一開始完全不將日本小型車當成一回事，不但公開所有汽車製造的計畫，也沒有一套保護核心技術的措施，更缺乏謹慎的態度來看待這看似落後、不夠氣派的日本汽車。美國汽車企業基本上認為日本企業不會創新，只是抄襲美國的技術，沒想到經過 20 年後，美國車在品質、價錢和設計都無法和日本車相比，連美國人都不想買美國車。因此在 1990 年以後，美國汽車廠開始注重 SPP，也開始增進汽車工業的競爭能力。

台積電成功的 SPP

台積電驚覺中國大陸半導體代工產業興起的威脅，例如在中國大陸官方投資的代工廠商——中蕊科技尚未成型前，台積電便以激烈的法律行動，控告中蕊違反智慧財產權。台積電一方面依循法律途徑阻止中蕊的行動，一方面以極機密的方式不斷開發新技術，使得中國大陸的半導體代工產業無法威脅台積電，台積電至今仍是全世界半導體代工產業的龍頭。

豪洋在此做了一個小結：「在聽完 SPP 的涵義，和它對創新和研發的重要性後，我現在瞭解為什麼 SPP 是創新和研發的

第四大秘密，我們必須用像保護貴重金屬那般滴水不漏的方式管控。」大偉很快的回應：「沒錯，貴單位每天都在執行創新和研發的第四大秘密。因為金、銀是高價的金屬，太多人希望擁有它，就像大家也都想占有成功的創新和研發成果一樣。如果貴單位能將貴重金屬的管理方式應用到 SPP 的管理，必定能有效的執行第四大秘密」。

⤳ SPP 的執行方式 ⟵

豪洋接著問：「您將貴重金屬的管理方式喻為 SPP，非常淺顯易懂，但是要實際執行還是相當複雜。除了本身的創新挑戰之外，還要面對競爭者的威脅，競爭和創新時時刻刻都在改變，是經常性的動態，不像管理貴重金屬是靜態的。既然如此，應如何執行 SPP 呢？」

大偉回應豪洋的疑問：「關於 SPP 的執行方式，我以帆船競賽為例，向各位介紹。各位有沒有看過每年在美國舉辦的美洲盃帆船賽 (America's Cup)？SPP 就像船的風帆一樣，在創新競賽中，參賽者必須配合風向，不斷地調整風帆的角度和方向，並且考慮在面對競爭者時如何有效應用風帆去贏得勝利；就如同帆船競賽一樣，我們要有一套完整的措施來保護創新的 SPP，並且持續地調整和進步，避免其他競爭者的攻擊」。

這時候，小坤和豪洋都非常迫切地想知道保證 SPP 成功的方式，異口同聲問：「如何才能有效的管理和執行 SPP 呢？」

⤳機密的執行方式⤵

大偉說道:「SPP 的第一部分 S 就是機密 (secret),如何保護創新和研發的機密呢?我建議用以下兩種方式:

1.整流器

在半導體儀器中常用的整流器,可將資訊從一端流向接收的另一端,但是並不會回流。不論是在國際會議、產品展示場、科技文獻、專業討論或任何有關創新和研發的話題上,團隊都必須採取整流器的方式,接受所有資訊,而盡可能的不洩漏任何秘密出去,那就是創新和研發最好的整流器。

2.隱形飛機

軍事上有一種隱形飛機,因為不會被雷達偵測到,所以不會被敵人擊落。美國空軍就是靠著隱形飛機在伊拉克和阿富汗戰爭中,如入無人之境,取得完全的制空權。同樣的,在創新和研發競賽中,隱形是擊敗競爭對手的最佳利器。任何有關於創新和研發的計畫、執行進度、發展都必須在完全隱形下進行,才能夠保證創新和研發的成功」。

⇢ 如何保持機密與交流的平衡？ ⇠

聽完 SPP 中對於「機密」的管理方式，小坤開口問：「利用整流器和隱形飛機這兩種方式來保持機密，不但需要絕佳的紀律，也需要很多資源來管理吧？而且這種保密和隱形的創新方式，也會延遲創新和研發的速度吧？畢竟創新和研發需要創新者不斷的交換資訊，如果所有創新者不交流和分享知識，創新就不存在了，身為創新者，如何保持平衡呢？」

大偉回答：「如何保持平衡完全取決於企業在整個產業中所占的地位。如果處於領先地位，則一方面必須採取整流器和隱形飛機方式避免資訊外流，同時在內部用『護城河』將外部和內部資訊完全隔離，外界完全不知道城內到底有什麼活動；可是在城內其實是四通八達，內部人員每天都必須交換信息，互有往來，保持最佳溝通的狀態。一個創新的領先者所應保持的平衡點，就是維持整流器、隱形飛機和護城河結構，來保障在創新和研發的領先地位；但是如果企業非創新的領先者，而是追隨者，那平衡點就有所不同。除了上述所說的三種方式之外，追隨者還必須加上『007 組織』的方式」。

小坤忍不住插嘴：「什麼是 007 組織？這與創新和研發的第四大秘密又有何關連呢？」大偉笑了笑，然後說：「如果大家是007 電影的影迷，就瞭解 007 是如何蒐集對手情報，分析、瞭解它的機密，然後打敗對手，這就是創新的追隨者可用的方式，

在創新產業的歷史上相當常見。以下就是各國公司所用的 007
組織：

1.在國家研究室學習

　　在 1960～1970 年間，日本派遣許多人員到美國官方或大型
企業的研究室工作，學習創新和研發的經驗，促成日本 1980 年
代以後的成功。臺灣、韓國和中國大陸也模仿這種方式，1980
年代開始派遣大批人員到歐、美、日本學習最先進的創新技術
和產品，現在臺、韓、中已有許多企業逐漸成為世界創新的中
心。

2.在世界創新中心設子公司

　　從 1980 年開始，日本、臺灣、韓國以及近年的中國大陸，
皆在矽谷廣設子公司，聘請當地最佳的創新和研發人才，以便
學習創新領先者的機密。例如 Samsung 和華為皆在矽谷設立全
球研發中心。

3.廣派留學生

　　在美國研究所有 80% 以上的學生是來自中國大陸、印度、
臺灣、韓國、日本等亞洲國家，這些學生有許多是國家或企業
公費派遣到美國的大學、實驗室甚至高科技企業學習創新和研
發的技術，學成後再回國。廣派留學生的方式對於促進各國在
創新和研發的崛起有很大的貢獻。

4.商業機密間諜

這種不合法偷取商業機密的方式在 1960～1980 年代相當廣泛，隨著嚴格的法律制裁，以及創新領先者耗費很多資源來防止這種行為，近年來商業間諜逐漸減少。但是在新興國家中，這種案例依然層出不窮，企業仍須審慎防範機密的外洩」。

大偉簡單地作個總結：「如果企業是屬於創新追隨者，就以 007 的手段，合法的學習創新技術；一旦進步到成為創新領先者，則整流器、隱形飛機、護城河等方式就是成功的保障。此外，也切記要防範競爭者採用 007 方式可能造成的威脅」。

這時候豪洋也加入討論：「這種討論方式，生動的把十分複雜的機密，轉變成簡單學習又方便應用的知識。我迫不及待地想聽一聽 SPP 中的第二個 P──謹慎的執行方式了」。

↠ 謹慎的執行方式 ↞

大偉接著說道：「SPP 的第二部分──P1 代表 『謹慎』(paranoid)，為了讓它成為創新和研發的利器，需要兩個方式：

1.戒忍用急

創新的速度一日千里，稍有一點疏忽就可能讓企業永無翻身的機會。因此對於可能的競爭技術，在尚未成型前就必須以『戒忍用急』的方式，在第一時間予以回應，謹慎的觀察，並

且在適當時間採取行動，擊退潛在的競爭者。

　　以手機市場為例，在 2007 年以前，Nokia 擁有壓倒性的領先地位，同樣的，黑莓公司 (Research in Motion, RIM) 在智慧型手機市場也擁有最好的信譽和廣大的使用者。這兩家企業有高股價、良好的商譽及顧客評價，產品也深受使用者歡迎，Nokia 和 RIM 成為每位高科技人才最嚮往的企業。但是當 Apple 在 2007 年 6 月推出 iPhone 後，Nokia 和 RIM 不認為 iPhone 會造成任何衝擊，因此缺少積極的作為；經過短短的 4、5 年，這兩家企業的銷售額跌落許多，成為沒有戒忍用急最好的反例。有鑑於此，為了保證企業能永續經營，不論潛在競爭對手的大小，我們都必須採取適當的手段應付對方。

2. 生於憂患，死於安樂

　　當企業成功時，會對於安樂的現況很滿意，可是這卻是創新最大的敵人。因為安樂的感覺令企業不夠謹慎，容易自滿驕傲，因而失去不斷改革的動力，也因此讓競爭者有機可趁。在產業歷史中因為過分安樂，最後失去所有市場的知名企業比比皆是，我舉以下幾個有名的案例來說明。

💡 **失敗的西爾斯 (Sears) 零售公司**：歷史悠久的美國西爾斯 (Sears) 零售公司，靠著郵購零售起家，隨著美國鐵路運輸的發展，在全國四通八達鐵路網下，成為全世界規模最龐大、最賺錢的零售商。Sears 還在 1973 年於芝加哥市中心建立了當時全世界最高的建築物——Sears Tower，這棟大樓矗立在

許多建築中,展現了 Sears 的成功和驕傲。就在同時,在它南邊幾百英里的一個小鎮中,出現一間名為沃爾瑪 (Walmart) 的小零售店,它以『成為第一』為目標,一步步的侵蝕 Sears 的版圖。1990 年,昔日名不見經傳的 Walmart 成為全世界最大零售商,至於 Sears 的業績則節節敗退,往昔第一高樓的光采也隨之褪色,成了觀光和歷史的痕跡。

💡**失敗的 DEC 電腦公司**:DEC 是在 1980~1990 年主宰全世界電腦業的企業,現今有許多高科技主管階層都是出身於此,例如宏達電的原始創新團隊也是當時臺灣 DEC 工業研發團隊的成員,DEC 當時的威力及影響力可見一斑。但是,當遠在麻州的 DEC 管理階層和全體員工沉溺於自身的成功時,1982 年兩位德州儀器 (TI) 的工程師,在一家餐廳的餐巾紙上寫下個人電腦的計畫書,成立了 Compaq 電腦公司。這時 DEC 完全忽視 Compaq 可能產生的衝擊,也沒有採取激烈的防範手段。在安樂之下的 DEC 失去了進步的動力,原本的小蝦米 Compaq 反而在 1998 年併吞了大鯨魚 DEC,這也是值得世人警惕的商業案例。

💡**成功的 Intel**:Intel 幾乎掌握了全世界 80~90% 的微處理器市場,可是這樣並不能滿足 Intel,它的目標是要擁有 100% 的市占率,不但要擁有高階市場,也要攻進低階市場,打退所有潛在競爭者。因此 Intel 在 1998 年推出低價位的品牌 Intel Celeron,Celeron 的利潤和價位遠不及 Intel 名牌 Pentium 所產生的經濟效益,但是 Celeron 卻代表了 Intel 追

求『第一』和『最好』的承諾——不但要成為高價位市場的第一，也要是低價位市場的第一，成為微處理器市場名符其實的第一名。因為有這種抱負，Intel 主宰了 30 年的微處理器市場，至今仍能獨占鰲頭。

　　昔日稱霸世界的 Sears 和 DEC 因為缺乏 SPP 中的謹慎態度，對於當時尚未成為氣候的競爭者未採取防止和瓦解的措施，結果現在 DEC 已成為歷史名詞，Sears 也經營不善；反觀 Intel 將謹慎態度發揮到極致，才能夠一再的擊退對手，讓所有意圖進入高科技市場的企業，不是全敗而退，就是像美國超微半導體公司 (Advanced Micro Devices, AMD) 一樣，和 Intel 競爭幾十年，還是僅能居於配角，且若非反壟斷法律的保障，AMD 可能早已被擊敗退出市場了」。

💡**成功的 Microsoft**：聽完這些故事，豪洋也給予評論：「這個故事也讓我想起 1990 年代中期我在美國矽谷受訓期間，當時網際網路正在啟蒙時代。剛上市的一間軟體企業網景通訊公司發展出連接網路的 "Netscape" 網頁瀏覽器，它曾高居瀏覽器市占率之首，具有成為主宰全世界的最大軟體企業的潛力；此時 Microsoft 的創辦人比爾蓋茲採取了最激烈的謹慎態度，甚至不在乎可能違反《反壟斷法》，很快地發展出 "Internet Explorer" 軟體，並且結合瀏覽器，免費的讓所有人使用。Microsoft 的這項措施，讓可能成為明日之星的 Netscape，在上市短短幾年後，就成為明日黃花，最後賣給了美國在線公司 (AOL)，結束了短暫的光榮。Microsoft 用謹慎的態度成功瓦解了 Netscape 可能帶來的威脅」。

保護智慧財產的第一種執行方式——防衛

大偉很高興聽到 Microsoft 的故事，接著說：「這正是謹慎所帶給企業永續創新和研發的最佳案例，正好說明為什麼 Microsoft 在 1990 年代能夠成為最成功的創新企業，也是全世界最有價值的上市公司。」這時候，小坤接口：「說明完 SPP 中的 S 和 P1 後，接下來就是 SPP 中的最後一個 P2——保護智慧財產吧！」

大偉回答：「當我們確定 P2 也有很好的管理，保護智慧財產也準備妥當後，就完成了創新和研發的第四大秘密——機密、謹慎和保護智慧財產 (protection) 了。執行 P2——保護智慧財產，有以下幾種防衛方式：

1. 專　利

專利是最普遍的防衛措施，由於創新和研發的產品以及技術在市場公開前，可能就被競爭者仿效，所以必須靠專利保護。然而申請專利費時又費金錢，所以必須用於重要產品，藉此產生堅強的防衛力，有效的嚇阻競爭者。因此執行上，應該重『質』而不重量。

2. 《商標法》

如果創新的產品成為國際品牌，則可能帶來無限的商機，因此必須加以保護商標。例如可口可樂 (Coca-Cola)、耐吉 (Nike)、百事可樂 (Pepsi) 等家喻戶曉的大企業，都因為有《商標法》保護其商標，不允許其他企業使用任何相似或相同的標示，這些獨特且有辨識度的商標也是維持這些企業歷久不衰的主要因素之一。另外，2012 年華裔球星林書豪在 NBA 中創造了林來瘋 (Linsanity) 風潮，林書豪將『林來瘋』(Linsanity)、林書豪 (Jeremy Lin) 等詞在各國申請為商標，擁有了這些詞的商標權，因此往後所有企業、任何商業用途或者報導要使用林來瘋、林書豪一詞都必須經過林書豪的同意。這個商標權成為林書豪在商業最大的資產，他所創造的財富，不只有籃球的高薪，還加上林來瘋、林書豪商標衍生的商業利潤。

3. 商業機密

有些產品或者技術很容易被競爭者改良或模仿，成為另外一種新產品，或者因為專利權授予的期間有限，在這些狀況下企業會放棄專利權，而採取商業機密的保護方式；另外，根據《營業秘密法》之規定，相關從業人員也必須採取合理的保密措施以保護這個能夠產生經濟價值的『營業秘密』。例如可口可樂公司自 1892 年創立以來，可樂的製造配方一直是外界不得而知的商業機密；同樣的，肯德基 (KFC) 也是利用極機密的方式

保護炸雞配方，以成為全世界炸雞業的佼佼者，這顯示了商業機密所產生的效益。

4.《著作權法》

　　與文學、軟體或任何藝術有關的創新，都可以用《著作權法》保障。例如美國遊戲軟體大廠美商藝電 (Electronic Arts) 曾指控知名應用程式 (APP) 開發商 Zynga，『抄襲及盜用了（前者）原創及有特色的表現元素』。美商藝電採取了法律行動捍衛自己的著作權，在以創意取勝的 APP 市場中，確保自己產品的巧思不被其他競爭者剽竊」。

　　說到這裡，大偉搖頭嘆道：「很可惜臺灣十分缺乏創新和研發的保衛觀念和措施，因此喪失了許多創造商機的機會。我們一起來看看以下的案例：

a.**錯失良機的珍珠奶茶** ：我們在全臺各地都可以品嚐到可口的珍珠奶茶，有的商家還推出『波霸奶茶』這個新穎口味的珍珠奶茶，不但令人印象深刻，滋味也讓人讚不絕口。更難得的是，珍珠奶茶在西方也相當受歡迎，成為暢銷國際的飲料。有許多人驕傲的告訴我：『珍珠奶茶是臺灣人發明的。』但我心中想：『為什麼這麼好的創新和發明，竟然沒有為臺灣創造大筆的商機，造福臺灣社會和民眾？』主要是因為臺灣欠缺商標、專利等保護的觀念，除了高科技產業和學術人員之外，一般市井小民沒有想到能利用法律保障自己的發明和創新，所以失去了創造龐大商機的機會，非常可惜。

b.**鳳梨釋迦**：在一次回臺的機會中，我吃到了一種看似釋迦，但是嚐起來又帶有酸酸甜甜口味的水果。家人很興奮向我介紹，那就是臺灣聰明的果農創新發明的鳳梨釋迦。但很可惜的，因為果農沒有採取創新保護措施，其他國家的果農也有可能仿效生產出同樣的水果。如果在一開始時這種創新農產品能夠結合商標和專利的保護，可能創造比現在多千萬倍的商機」。

⇢ 小市民如何保護智慧財產？ ⇠

　　小坤聽完這創新的防衛方式深有同感，卻也存在疑問：「我想除了民眾缺乏法律概念之外，法律保護措施也所費不貲，像是申請國外的專利，除了少數企業和學術機構可以負擔外，一般的珍珠奶茶店或果農是負擔不起的，這也是為何這些食品在臺灣很難管理成創新和顛覆性的產品，只能夠以一般商品來出售吧！」

　　大偉馬上接著說：「小坤提到的問題很棒，採取法律保護措施需要人力和財力，有兩大方向可以解決這個問題：

1. 政府支持

　　由政府出資支持創新者申請專利和國內、外的法律保障措施，培養有潛力創造巨額商機的技術或產品。例如可以建立合作機制，由政府負責所有人力和財力，未來創新者再以商機所產生的部分比率的利潤回饋給政府。

2.法律機構

由法律機構提供免費人力和物力的支持，對於有潛力發展創新但缺乏資金申請專利保護的個人和企業，給予完全的協助，雙方則可以依照比率分享產品利潤。

這兩大方向可以解決創新者缺乏法律保護觀念，以及沒有人力和財力支援的問題。記得，我們前面提到創新是 1% 成功率的生意，只要有 1% 成功的可能，就可能創造出無比的商機」。

保護智慧財產的第二種執行方式——攻擊

「介紹完保護智慧財產的防衛措施之後，現在介紹第二種方式——攻擊。

在保護智慧財產的方式中，**攻擊是最後手段**，除非不得已，否則盡量不採取攻擊手段。就如同《孫子兵法》所言，戰爭是國家大事，關係國家生死存亡，不可不研究明察。同樣地，在創新和研發的競爭中，採取攻擊手段必須小心行事，否則可能兩敗俱傷、得不償失。關於攻擊的手段，可以考慮以下兩種方式：

1. 法律行動

　　如果競爭者有侵權行為，則可以發出存證信函等方式警告對方，藉以延遲競爭者進入市場的時機，並同時要求侵占創新技術的賠償金。如果競爭者不加以理會，這時候就別無選擇，必須採取法律措施。例如 Apple 以法律行動攻擊 Android 系統的智慧型手機廠商，賈伯斯曾表示 Android 是抄襲品，誓言就算耗費鉅資也要消滅所有 Android 手機，所以對於 Samsung 和 HTC 等廠商採取了快速且劇烈的攻擊手段，是最典型的攻擊代表作。當然，Apple 也是靠著強大的財力，才能夠使用如此有力的攻擊方式保護自身的創新產品。

2. 產品競爭

　　如果競爭者沒有侵犯專利和智慧財產權，或者法律行動無法有效的阻止侵權行為，那麼唯一的攻擊方式就是以產品來攻擊競爭者。例如 Microsoft 推出 Winword 和 Excel，全面性的攻擊當時市面上的文字處理器 Word Perfect 和 Lotus ， 短短幾年內，Word Perfect 和 Lotus 從 80% 的市占率降為 10% 以下，幾年後這兩個產品的製造商就被其他企業併吞了。在 1990～2000 年代 Microsoft 是最典型採用攻擊手段的案例，逐一消滅其他競爭對手，成就了 Microsoft 今日的霸業，也讓創辦人比爾蓋茲成為世界首富」。

　　大偉停了一下，對大家說：「今天所介紹的創新和研發的第

四大秘密——機密、謹慎和保護智慧財產,到這裡告一段落」。

　　豪洋身為地主率先發言:「感謝大偉今天早上深入淺出的解說,我想同仁現在對於第四大秘密有很深的體悟了。先前所學到的第一大秘密教導我們如何尋找和創造顛覆性的產品;第二大秘密瞭解如何用世界級的核心技術去創造顛覆性的產品;在執行這兩大秘密時,必須依照第三大秘密——不斷實驗式的創新,才能夠在競爭激烈的創新產業中脫穎而出,成為一流企業;第四大秘密則教導我們如何以機密、謹慎和保護智慧財產的方式維護創新和研發工作,在創新競賽中永遠保持第一,對於可能的競爭對手給予攻擊和防衛的手段,第四大秘密就是我們在創新競賽中成功的最大保障。 我想藉著今天難得的機會 , 再向大偉請教一個問題:企業是否能利用不同的組織結構來執行第四大秘密?」

　　大偉很快的回答:「執行第四大秘密時,組織的調整大致是與先前一樣的,只要加上一個『情報組織』」。

⇢ 組織策略 ⇠

　　豪洋很好奇的詢問:「情報組織是什麼呢?」

　　大偉徐徐回答:「在軍事戰爭中,部隊除了人事組織和作戰組織之外,另外一個重要的單位就是情報組織。它蒐集所有敵人情報加以分析,然後和其他組織一同訂定作戰計畫。同樣的,在執行創新和研發的第四大秘密時,企業也需要有類似情報組織的單位,我稱為競爭分析部門 (competitive analysis department)。

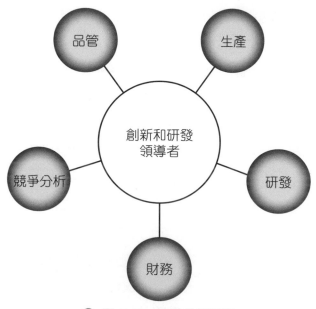

🔆 圖 5–7　競爭分析部門

　　現代成功的創新和研發企業都設有競爭分析部門，組織的架構就如同圖 5–7。競爭分析部門和其他各個重要的品管、生產、財務部門一樣，直接隸屬於創新和研發領導者。此部門負責的工作內容包括產業競爭分析、技術演進、競爭者動向、專利和智慧財產權等，從這些分析中探討競爭市場版圖的改變，進而提供整體競爭和智慧財產的保護和攻擊策略。經由競爭分析部門的報告，其他部門都可以輕鬆應用創新和研發的所有計畫並執行活動」。

　　小坤也藉機提出下一個問題：「如果以靶材單位為例，這個單位雖然有很多世界級的核心技術和創新產品，但是在製造成

本的壓力下，許多生產基地必須移往中國大陸或東南亞等區域。在這種情況下，很難兼顧機密與保護智慧財產，許多核心技術可能因此流失到生產地，該如何處理這種狀況呢？」

大偉相當讚賞小坤提出的問題：「這是個很好的問題，這個情況雖然棘手，但還是有辦法可以解決，我舉第二大秘密提到的『選擇核心技術的成功案例──美國的 Seagate 和 WD 硬碟企業』來說明。想要一邊掌握靶材技術，同時降低成本、增進競爭力，可以採用美國硬碟企業的組織策略，重點可歸納為以下三者：

1.分設生產基地

在中國大陸、越南、泰國、馬來西亞、印尼、菲律賓等國家分別建立生產基地，避免過度集中於一個區域，降低創新被竊取的風險。

2.擁有自有生產廠房

應避免和當地政府或企業成立共同公司，確實掌握核心技術。由於共同投資很容易將創新和研發的技術移轉給當地人員和企業，而增加明日的競爭者。

3.培養企業人才，並且交換人才

可讓臺籍幹部以兩年為單位外派，在各大生產地輪調，並且同時讓當地人才輪調到總部和不同單位，藉此培養對公司的

忠誠度，也可以增進員工的國際觀」。

　　小坤很滿意大偉的回答：「您完全回應了我的憂慮。我自己也很驚訝為什麼美國硬碟公司能夠保持創新與研發的領先地位，這是第四大秘密很好的成功案例」。

◈ 第四大秘密座右銘

　　最後，豪洋接口：「最後想請您用本身管理和領導創新的經驗，和本單位員工分享創新和研發的第四大秘密的智慧。」大偉很快的回答：「在執行創新和研發的第四大秘密時，我經常用以下兩句話勉勵同事們。這兩句話是：

- In Olympic, the time difference of a swimmer who won gold medal and those who won no medal, is micro seconds—a length of finger nail.

  在奧林匹克游泳比賽中，冠軍和沒有得獎的人，只有些微的差距（勝利和失敗只有毫釐之差）。

- In business competition, the difference of a company which is marketshare leader and another which is in bankruptcy is an innovation.

  在產業競爭中，市場的龍頭企業和破產的企業，它的分別只是在於一個創新。

　　謝謝大家今天的聆聽，下次再會。」大偉結束今日的討論。

創新和研發格言

Only the paranoids survive.

只有過分謹慎、甚至狂想的人，才能夠在創新中存活。

安德魯葛洛夫 (Andrew Grove)

Intel 前 CEO

小　結

◇ 我們必須利用「機密、謹慎、保護智慧財產」三者，防止創新和研發的核心技術和智慧財產被競爭對手剽竊。

◇ 隨著國家創新產業的成功，SPP 會愈來愈龐大，成為眾所矚目的焦點；SPP 愈引人注目，創新產品的成功率就愈低，所以要保證創新和研發的成功就必須妥善管理 SPP。

◇ 創新的領先者可利用整流器、隱形飛機及護城河的概念保持機密，創新的追隨者還必須再加上 007 組織的蒐集情報方式，例如在國家實驗室學習、在世界創新中心設子公司、廣派留學生以及商業機密間諜等。

◇ 對於任何可能的競爭對手都要採取「戒忍用急」的手段，不可輕忽大意；即使有了不錯的創新成果也絕對不能安於現狀，失去改革的動力。

◇ 我們可利用各種法律手段保護智慧財產，如有必要則採取攻擊手段。

第六章

創新和研發的第五大秘密

——世界級的創新團隊和環境

　　分享完第四大秘密，小坤和大偉向豪洋及靶材單位的其他員工道別，接下來小坤特別安排大偉和隔天即將拜訪的面板製造和開發部門的總經理——Michael 一同共進晚餐。Michael 曾在美國高科技產業從事多年面板研發工作，在 10 年前臺灣大力發展面板時被延攬回國，從建廠、籌設設備、研發、生產，成長到今日數一數二的國際面板大廠等過程，他都全程參與，可說是臺灣面板產業的先驅，也是最重要的貢獻者。

臺灣面板產業的未來
——垂直整合

　　Michael 和其部門的兩位副總已經先在餐廳等候，待大家入座以後，一起享用一頓豐盛、愉悅的晚餐。在晚餐將近尾聲時，Michael 突然問大偉一個問題：「我本來準備留到明天再請教您，可是實在太想聽您的見解。我想請問您對臺灣面板產業的未來前景有何看法？」大偉對這突來的問題並不驚訝，畢竟臺灣面板的未來是一個熱門的話題。大偉想了一下才回答：「臺灣面板在技術、產量、管理各方面都是世界一流，絕不遜於日、韓等世界大廠。可是臺灣必須改變產業結構，就同我在創新和研發的第二大秘密——世界級的核心技術中，建議利用核心技術開發多樣核心產品，特別是自有品牌產品。臺灣面板產業如果沒有自有品牌的支持，3～5 年後就會消失」。

Michael 接口：「我也有這種疑慮，我們必須投入大量資金、時間及人力開創自己的品牌，成為像 Samsung 那樣垂直整合的商業模式。不過有很多像 Intel、台積電、聯發科等賺錢的企業，其實也沒有自己的品牌產品，只是用核心產品加上其他企業的品牌產品創造出新產品，然後販售給終端使用者。這樣的模式也能成功嗎？」大偉很快的說：「您所提到的 Intel 等企業的消費者和臺灣面板的消費者有一個很大的不同：Intel 等企業的終端使用者本身並沒有製造其他重要零組件的核心技術，所以不具備垂直整合的能力，基本上就是一個單純的消費者；然而今天臺灣面板的銷售對象是 Samsung、Sony 及許多中國大陸的電視大廠，它們不但是臺灣面板的最大客戶，也是面板業最大的競爭者。在這種商業模式下，沒有終端產品的企業注定會失敗，最後會被收購或者退出市場，這些血淋淋的案例在其他產業都已經發生過。

以下以硬碟產業為例做說明。在硬碟產業中，哪個企業擁有製造硬碟盤和硬碟磁頭這兩種最重要零組件的核心技術，就能得到高獲利，正如面板與液晶電視的關係一樣；但如果零組件供應商未能擁有品牌企業難以挑戰的核心技術，也無法永續經營。

例如 1980～1990 年代，當時市場上有數十家硬碟品牌企業和硬碟零組件供應商，其中以臺灣留學生創立的 Komag 製造公司營收最為亮眼，硬碟品牌企業 Seagate 和 WD 都是它的顧客；同時間，Seagate 和 WD 正以創立自有品牌、掌握硬碟盤和硬

碟磁頭的核心技術並降低成本為目標。2007 年，當年最大的零組件供應商 Komag 被 WD 收購，其他零組件商也慢慢消失；若當初沒有力行垂直整合，Seagate 和 WD 也不可能成為現在世界前兩大硬碟廠商。

　　臺灣如果再不發展自有品牌產品，未來不僅面板產業會消失，太陽能、LED 等產業也會步上後塵；相反的，如果臺灣能夠發展自有品牌和終端產品，這種核心技術和產品則會成為強大的競爭優勢，讓臺灣成為真正的品牌科技島」。

　　Michael 很滿意大偉的分析：「受教了，我們的看法基本是一致的，臺灣的下一個階段產業，必須著重於自有品牌的創新和研發才對」。

第五大秘密——世界級的創新團隊和環境

　　次日大偉和小坤到達科學園區的面板製造與開發部門，Michael 和面板管理階層一起在大樓門口迎接他們。

　　首先大家一起參觀面板製造生產線和研發單位，面板的製造過程是一項大工程，在降低成本和提高技術門檻的競爭下，儀器和廠房由五代、六代不斷地發展到十代，每代的新廠房都大量提升尺寸和規模。大偉很驚奇的看到幾公尺高的薄膜儀器和整體設備，廠房的規模和自動化也令人讚嘆，這絕對是全世

界一流面板生產技術和廠房；研發設備也相當的先進，除了先進的製程設備外，測試、檢驗的器材與技術也是世界一流。整體來說，這是大偉這幾天參觀數個單位中最為先進的一個。

　　參觀完後，大家一起回到主會議廳歡迎大偉的來訪，大偉向大家表達誠摯的謝意，並表達對此部門的激賞：「Michael 和每位同仁應該十分驕傲，各位不但擁有世界一流的設備、廠房、技術，更有一流的團隊和領導階層。我只能說這真的是一流的面板公司！以我所見，這個單位有以下幾項特點：

1.領導者

　　a.注重面板生產的良率、成本、售價和利潤的管理。

　　b.保持生產線持續的運轉。

　　c.維持核心技術的競爭力。

2.團　隊

　　a.成員有組織、有紀律，基本上是一個口令一個動作。

　　b.對於常見的突發狀況，成員能夠快速的予以回應並處理。

　　c.約有 90% 的成員是本地員工，且大部分的技術人員是理工專才。

3.環　境

　　a.三班制的生產線，員工專注於個人工作。

　　b.完整規劃的工作環境和系統，極力避免任何人為疏失。

c.清楚的劃分組織，各個部門有很清楚的責任歸屬。

各位，貴公司在領導者、團隊和環境等部分的特徵，造就貴公司成為世界一流的企業。面板產業中，顧客、技術藍圖、應用等都有很清楚的訊息和方向，競爭的優勢則在於大量生產和低成本。因此管理的方式是維持靜態和穩定，愈少發生意外事件就愈成功。可是如今這種靜態和穩定的型態，卻是創新和研發的無形殺手，這也就是今天我要和大家一起討論創新和研發的第五大秘密——世界級的創新團隊和環境。在創新和研發的旋轉器中，第一至第四大秘密的四大風扇產生了無比強大的力量，而第五大秘密就是強壯的引擎。引擎愈強壯，創新團隊與環境愈有可能在創新的舞臺中脫穎而出」。

➢創新團隊金字塔➢

在聽完大偉的分析後，Michael 首先提出問題：「您提到靜態和穩定的團隊和環境是創新和研發的無形殺手，這一點我無法同意。根據我自己在美國和臺灣的經驗，穩定、有紀律、靜態的團隊和環境也可以創造出有效的創新和研發；而過度的動態、開放、自由雖能刺激創新，但是也可能找不到方向，一事無成」。

大偉瞭解 Michael 的疑問：「您說的穩定、有紀律、靜態的環境和團隊在 1990 年代之前，是很普遍的型態，也有很多著名的成就，像開發光纖通信的 Bell Lab、硬碟和電腦的創新者 IBM

實驗室、Xerox 的 PARC 實驗室更是當今電腦技術發明和創造的始祖，不過 1990 年後世界產生了幾項變化：

1.全球性的競爭

產業創新不再僅是歐、美、日本企業的專利，許多新興國家的企業也具有快速、有效的創新和研發能力。

2.創新產品速度加快，產品生命周期快速縮短

在 1990 年前，一項創新產品可以稱霸市場 5～10 年以上，但 1990 年後，市場快速變遷，創新產品的壽命急劇減少成半年至 1 年。

3.所需費用增加

創新產品所需要的核心技術愈加困難，因此創新和研發所需的費用大量增加。

在這三項因素的衝擊下，我們看到世界頂尖創新企業產生組織性的變革，那就是由原來的靜態、穩定、紀律的團隊組織，演變成動態、開放、自由的現代化創新團隊」。

Michael 很快的問：「原來是因為 21 世紀跨國的競爭激烈，加上創新產品日新月異，研發速度一日千里，因此必須成為動態、快速應變的組織團隊才有競爭力。那什麼才是現代化的創新團隊和環境呢？」

大偉回答：「世界級的創新團隊和環境是像圖 6-1 一樣，

我稱為創新團隊金字塔。創新團隊金字塔是由領導者、團隊和環境三者所構成，如果任何一邊不平衡，金字塔就容易鬆動」。

小坤在這時候插嘴問：「創新團隊金字塔的觀念很新鮮，如果要保持平衡，也就代表領導者、團隊和環境都有相同的重要性，應該從哪一邊開始建造呢？」

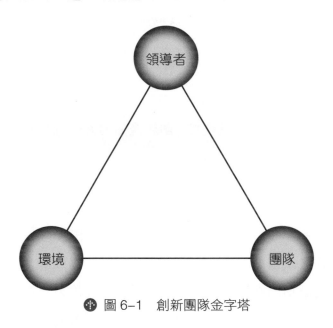

⊕ 圖 6-1　創新團隊金字塔

﷽一流領導者的六大要素﷽

大偉很快的回答：「建造金字塔時，我建議從領導者開始，再來是團隊，有了領導者和團隊後，再一起建立環境。一流的領導者必須具備以下的六大要素：

1.不害怕從頭開始

　　世界上各大產業的創新領導者都具有不害怕從頭開始的精神，畢竟創新是 1% 成功率的生意。如果碰到挫折和失敗就卻步，絕對不可能成功。福特汽車 (Ford) 的創辦人亨利福特 (Henry Ford) 曾經經歷無數次失敗，也數次和合夥人分道揚鑣，但他卻沒有被這些事打敗，最後終於成功的創辦出 Ford，甚至還創造出影響深遠的大量生產模式，成為 20 世紀初最有名的創新領導者。

2.有冒險犯難的精神

　　創新就是面對未知的未來，世界級創新領導者都具備這項冒險犯難的精神。大家一起來看看近代的創新領導者，Google 的創辦人賴利佩吉 (Larry Page) 和謝爾蓋布林 (Sergey Brin)、Yahoo 的創辦人楊致遠、Facebook 的馬克佐伯格 (Mark Zuckerberg) 等人，在就讀大學時就開始創新事業，當大部分人選擇畢業後找一份高薪工作，他們則是以冒險和犯難的精神創立新事業，年紀輕輕就成為國際有名的創新領導者。

3.有強大的自信心

　　世界級的領導者都有一項共同的特性，那就是強大的自信心，足以在經過無數次失敗後，仍堅持自己的方向，最後完成目標。20 世紀最偉大的創新者愛迪生在發明電燈前，曾經歷了

幾千次的失敗，這並沒有打擊他，反而增強他的自信心。他說：
『當我碰到一次失敗，就代表我離成功更進一步了』。

4.有高度的工作和人生熱忱

　　高度的工作和人生熱忱是成為世界一流創新領導者所必備
的特質，這能鼓舞他們再接再厲。Microsoft 創辦人比爾蓋茲和
Dell 創辦人麥可戴爾都是放棄大學學業，靠著無比的熱忱創造
出一流的創新企業。這兩位世界級創新領導者在被問到工作和
人生熱忱時，他們回答:『我每天做自己喜歡做的事，而別人還
付錢給我，我就像生活在夢想中。』當一位創新領導者將創新
的工作視為夢想，這股熱忱必定可以完成不可能的任務。

5.有想像力，看到人所未見的事物

　　創新是創造未來，創造別人未能預知的事物，因此領導者
必須具有高人一等的想像力，並且能連接不同事物，洞燭未來
趨勢。賈伯斯就是一個最好的範例，每年都有成千上萬的人們
參觀 Xerox 的 PARC 研究室，但只有賈伯斯從 PARC 所展示的
滑鼠和圖形使用者界面獲取靈感，並於 1980 年代應用在 Apple
電腦上，創造出絕佳的創新產品，至今仍是造福人類的重要技
術，這都要感謝賈伯斯令人折服的想像力。

6.有崇高的人生目的

　　如果領導人的人生目的是賺錢、名譽、社會地位或物質等

外在的獎賞,這種心態無法成為世界一流的創新領導者。以幾位近代成功的領導者為例:賈伯斯的目標是『讓我們在世界留下痕跡』,他也說過,『我不想成為墳墓中最有錢的人』(I don't want to be the richest person in the cementary);Amazon 執行長貝佐司 (Jeff Bezos) 則是 『在歷史上創造一點不同』 (Make a difference in history)。這兩位世界級領導者崇高的人生目的,正是讓他們成為一流領導者的主要原因」。

　　大偉停頓了一下,大家都十分聚精會神,而且也能夠瞭解這六人要素的重要,他便詢問大家:「各位有沒有問題,或者有什麼見解?」

　　Michael 首先說:「以我這些年來的工作經驗,臺灣是以中小企業為主,領導者通常頭腦靈活、很勇於創業、有冒險的精神、高度的自信心以及強人的工作熱忱,第 1 至 4 項特質很強烈,不過比較欠缺想像力和洞燭未來的能力,人生目的和遠景也還需再提升到另一個層級,這是我個人的淺見。」小坤也點頭附和說 :「我很同意 Michael 的觀察和論點 , 我也有相同看法」。

⇒ 一流團隊的六大要素 ⇐

　　大偉繼續說:「接著,我們一起來討論金字塔第二項──一流的創新團隊,除了領導者之外,世界第一流團隊須具備的六大要素:

1.種族、專業、性別的多元多樣化

　　一流的創新團隊都有這個共同的特徵，例如矽谷的創新團隊成員大部分是來自全世界各地，遍及歐、美、日、韓及各個新興國家，像是聯合國一樣；除了種族多元化以外，專業也非常多樣化，包括了理工、基礎科學、工業科學、管理，甚至也有人文、設計、藝術、心理等不同專業的人才，以便在未知的創新領域中，融合不同專業，創造出不可思議的產品；此外，性別也是一項重要的要素，一個世界級創新團隊不只有男性成員，女性也會被賦予重任，且會被刻意培養成為領導階層。

　　例如創造出《玩具總動員》(*Toy Story*) 等賣座動畫的皮克斯 (Pixar) 動畫工作室就是最成功的範例。Pixar 的團隊成員有工程師、演員、導演、程式設計師、舞蹈家以及來自各領域的專業人士，由於成員們來自世界各地，每個人都有不同的文化背景，這種多元多樣化的團隊，才有辦法創造出留名歷史的經典作品。

2.全世界第一流的人才

　　沒有一流的人才，就無法在創新競爭中獲得勝利。什麼是一流的人才？並不是名校畢業或得到名列前茅的成績才是一流的人才，而是能夠獨立思考、有旺盛的創造力和高人一等的解決問題能力。

　　例如 Google 當初為了篩選出全世界一流人才，在面試時會

問應試者以下的問題：『當您在荒郊野外駕車時遇到以下三個人：以前的救命恩人、心儀的女子、急需送醫的病人。但您的車只能夠載一個人，您會如何決定？』三種選項都各有不少人選擇，不過其中一位雀屏中選的人答案很特別：他會請救命恩人駕著他的車子載著受傷的病人到醫院，自己則和心儀的美女一起漫步在月光下，享受浪漫的夜晚。這就是創新團隊所需要的──可以解決問題的人才。

3.有崇高且共同的使命，為人類創造歷史

不僅領導者必須有崇高的目標，團隊更需要有崇高且共同的使命，那就是為人類創造歷史。這種發自內心的工作熱忱、不需要他人鞭策的鼓舞力，是來自他們共同擁有的崇高目標和人生意義──用創新改變人類的歷史。

4.創造、實驗和紀律平衡

世界一流的創新團隊能維持創造、實驗和紀律的平衡，像是彈簧一樣能『伸展和收縮』，一方面鼓勵成員盡情創造及實驗，所有人都可以伸展到不同論點和領域，但一方面又必須收縮到共同目標，成為一個有紀律的團隊。在如彈簧般不斷伸展和收縮的過程中，團隊就能持續的向前進步。

5.做自己所愛

如果能擁有這股熱忱和理想，在創新的困難環境中，則得

以不忘初衷、愈挫愈勇，因為創新是自己所愛。例如賈伯斯
1985 年在董事會失勢而被逐出 Apple 後，仍然不斷創新，迅速
地成立了 Next 電腦平臺開發公司，接著購買了 Pixar 動畫工作
室，還創造出 iPod、iPhone 等跨時代的產品。他也自述自己在
這段低潮的期間，還能維持創新工作就是因為這份工作是他的
所愛。

6.不斷的學習，並且保持純真的心

　　賈伯斯在史丹福大學 2005 年的畢業典禮演講中告訴畢業
生要『求知若飢，虛心若愚』(Stay hungry, stay foolish)，在創
新過程中，我們必須不斷的學習，像小孩般的好奇，對未知的
領域充滿求知慾。擁有這種特質的團隊，才是世界一流創新的
團隊。在創新成功過程中，會出現許多物質及名利的誘惑侵蝕
團隊的初衷，如何保持原有的純真，不受外來和物質世界的影
響，是創新團隊的重大考驗」。

　　大偉停了下來，然後說：「聽完一流創新團隊的六大要素
後，大家有沒有問題？」

　　小坤分享自己的見解:「我認為臺灣團隊人才的專業和技術
能力絕對是世界一流的，執行能力和團隊的紀律也無人可及。
但是我也觀察到許多的缺點，首先是傳統保守的思想使得多元
多樣化有所不足，不過近幾年來隨著時代的進步，多元多樣化
也有相當程度的提升；另外我覺得相對缺乏的部分是團隊沒有
崇高的目標和人生使命來作為鼓舞和啟發的動力，大部分團隊

注重賺錢、升遷、頭銜等外在的成功象徵，缺乏內在的鼓舞和衝擊，因此大家往往只是『向錢看齊』，即使工作不是自己的最愛，人們通常仍選擇賺錢而非自己所愛的工作。也因為我們以金錢、物質、地位作為人生標竿，大家拼命賺錢，不斷競爭和比較物質生活，所以大部分的人缺乏繼續進步的動力，也容易安於舒適平穩的生活，不願意接受挑戰，沒有創造歷史的使命感。這是我對臺灣創新團隊的評論」。

⇒ 一流環境的六大要素 ⇐

小坤說完，在座許多人也紛紛點頭表示贊同，大偉接著說：「小坤給臺灣創新團隊很深刻的評論，臺灣團隊有許多長處，但是也有很多需要進步的地方。接著我們一起來討論金字塔的第三邊——一流的創新環境，世界一流環境也有六大要素：

1.最快樂的工作場所

想要吸引全世界最好的人才，就必須建立一個最快樂的工作場所，讓員工每天能快樂的工作，無憂無慮的創新，讓最好的人才在最快樂的場所中工作，就能夠創造出最好的創新產品。矽谷的一流創新企業，如 Google、eBay、Facebook 將辦公室設計成休閒遊戲的場所，員工每天一踏進公司就有愉快的心情，完全不像在工作，反而像是在度假玩樂，大家總是洋溢著笑容。在這種快樂的工作場所中，美好的時光過得特別快，大家總會

忘卻時間，完全沉醉於工作中 (Time flying, when you've good time)。

2.員工不斷的交流

創新和研發的過程要綜合不同員工的專才和解決問題的能力，世界一流的創新產品都是經過多元的交流和溝通所共同創造出來的。因此許多創新企業都刻意將環境塑造得讓員工能輕鬆交流，例如 Pixar 將茶水間和休閒中心設立在大樓的中心，因此所有人在休息時間會自動的聚集在一起，休息的同時也能和其他不同領域的員工交流。有的企業為了鼓勵員工交流，甚至在研發中心四周都設有會議室，會議室四面牆都是白板，便於員工互相討論。

3.腦力的激盪，正面思考的衝突

創新是全世界競爭最激烈和困難的產業，想要在競爭中得到好成績，就必須創造一個能夠彼此腦力激盪、正面思考衝突的創新環境。由於當交流和團隊合作成為大家共同的目標時，團隊很容易產生群體思維 (group thinking) 的盲點。群體思維會使得團隊只注重於和諧的結果，完全抹殺了不同的意見和正面思考的衝突，我們必須極力避免這種狀況發生。

例如 Apple 為了創造不斷腦力激盪和正面思考衝突的創新環境，將設計 iPod 的任務交由一位沒有工程背景的市場開發人員負責，起初當他建議採取 iPod 觸控盤這個前所未見的設計

時，大部分工程專業背景的團隊成員都持反對意見。然而正是這種不同的思考方式和腦力激盪，才創造出 iPod 這項跨時代的產品。

4. 鼓勵不斷創新

世界一流的創新企業都鼓勵不斷創新的環境，鼓勵創新不僅僅是口號而已，而必須成為企業實際執行的政策和推行目標。

例如硬碟大廠 Seagate 為了鼓勵員工不斷創新，除了提供專利申請特別獎勵外，年度創新慶祝會還會邀請公司中表現最佳的 50 名創新者到夏威夷或加勒比海享受一個星期最棒的假期，和家人同享創新的獎勵。

5. 最好的待遇，讓員工沒有後顧之憂

人是企業最大的資產，也是競爭的利器，為了投資企業最重要的資產，一流的創新企業給予員工優渥的待遇，讓創新人員可以沒有後顧之憂的發揮專才，而且這些企業也鼓勵員工注重生活、家庭和工作三者的平衡，工作之外也要擁有充足的家庭和私人時間。例如 Microsoft、Apple、Google、Facebook 等企業除了提供員工薪水、股票、紅利之外，還有彈性工作時間、自由選擇工作、定期休假，以及免費托育、餐飲、醫療等福利。擁有最好待遇的員工不會因此而懈怠，反而每天像拼命三郎一般，自動自發的工作。

6.沒有既定的規矩，一切以個人判斷為主

我們發現愈是創新的環境，愈少人定的規矩，一切建立在相信員工的基礎上，以個人判斷為準。

例如近年掘起的隨選視訊系統 (video on demand) 及 Netflix 公司，對於接受禮物、應酬、休假時間都沒有訂定任何規定，而是希望員工以公司的榮譽、企業文化和如何對公司最好等層面為考量，由個人自行判斷行為準則。這種環境完全擺脫人為的束縛，因此創造出第一流的創新環境」。

說到一個段落，大偉習慣性的停頓一下，看看聽眾的反應，然後說：「以上就是一流創新環境的六大要素。我想聽聽大家有沒有不同的見解或者不明白的地方？」 Michael 表達自己的見解：「據我的觀察，臺灣的創新團隊金字塔中，環境似乎是最弱的一環」。

大偉回答：「我同意您的見解。臺灣的創新環境必須有長足的進步才有辦法和世界一流企業競爭。創新的環境不僅止於企業，還必須推廣到全臺灣的學校、家庭和社會中。創造出最佳的創新環境，臺灣才能成為名符其實的創新和研發科技島」。

⇥各國的創新團隊金字塔⇤

這時候小坤接著問：「經過您的介紹，我們瞭解了世界一流創新和研發的領導者、團隊和環境必備的要素，臺灣的創新團

隊金字塔和其他國家相比，有哪些優劣勢？」

　　大偉很高興聽到小坤的問題：「創新和研發是全球性的競爭，臺灣必須瞭解對手的優劣勢，才能知己知彼、百戰百勝。」說到這裡，大偉走到前排，轉身在白板上畫出各國的比較圖。

1. 日　本

　　日本創新團隊金字塔是相當不平衡的鈍角三角形，和其他世界一流的創新三角形相較，日本雖有絕佳的創新環境，但缺少世界一流的創新領導者和團隊。由於領導者過於保守，拘束於傳統管理思維，成為創新的殺手；團隊中雖然有一流的人才，但是被團體優先的傳統觀念束縛，完全忽略個人能力的發展，因此成為一個有紀律卻缺乏創造及創新能力的國家。當然，有世界一流創新環境為基礎，只要日本徹底改變領導者與團隊的思維，就有機會再次晉身為一流的創新國家。

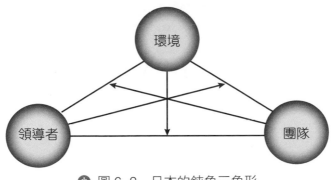

🕈 圖 6–2　日本的鈍角三角形

2. 韓　國

　　韓國大部分是以 Samsung、LG 等大型企業為主，它們的創新領導者都具有相當水準，領導者不害怕競爭，也有很高的目標，不但要擊敗日本，更有成為世界一流創新國家的野心。除了世界一流的領導者外，在大型企業強力的經營下，**韓國的創新環境也相當優良，且一直努力創造更進步的環境**。不過，韓國現今仍欠缺世界一流的團隊，尤其是和美國的創新團隊相比，韓國團隊在多元多樣化、創造力、思考力和解決問題等方面的能力都還有所差距。

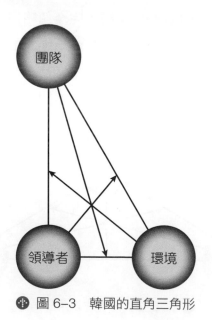

🔷 圖 6-3　韓國的直角三角形

3.中國大陸

雖然中國大陸的經濟和產業在這些年來突飛猛進，也成為僅次美國的第二大經濟體，不過中國大陸不論在國民生產毛額以及創新的發展，仍然落後世界一流國家一大截。中國大陸的創新團隊金字塔是一個很小的正三角形，**領導者、團隊和環境各方面都還在萌芽的階段**。不過我們必須注意，中國大陸在經濟起飛後，金字塔也有長足的進步，像海爾集團、華為等企業正全力投入於創新和研發，我相信經過數年後，中國大陸的創新團隊金字塔將會有卓越的進步。

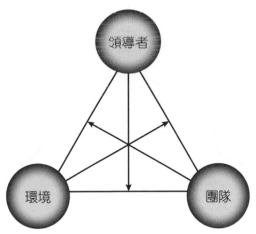

⊕ 圖 6-4　中國大陸的小正三角形

4.美　國

　　世界一流的創新企業都在美國，因此大家不意外的發現圖中的創新團隊金字塔是一個完全平衡的大正三角形，並且每邊都很長，代表創新的領導者、團隊和環境都有很堅強的競爭力，這是臺灣可以借鏡和學習的。

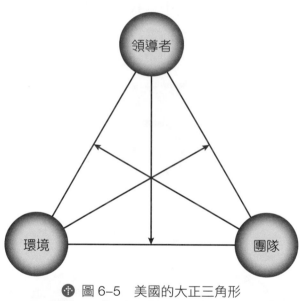

　　　　　　⊕ 圖 6-5　美國的大正三角形

5.臺　灣

　　臺灣創新團隊金字塔是不平衡的銳角三角形，領導者和團隊都相當有實力和優勢，和全世界最好的創新企業相比也許尚有不足，但是絕不輸其他亞洲新興國家。然而，**臺灣的弱點是**

創新環境不佳 ， 首先是臺灣 20 多年來的薪資報酬幾乎沒有增長，同時企業文化通常是一個口令一個動作，不重視員工的心聲和想法，造成了不快樂的工作氣氛。當然，這些弱點都可以改進，最重要的是臺灣企業必須意識到這些問題，並要有決心去做根本的改變。只要大家有心改變，以臺灣人民曾經創造經濟奇蹟的能力，一定可以發展成一流的大正三角形金字塔。

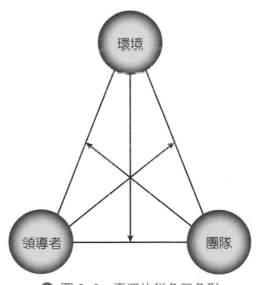

🌐 圖 6-6　臺灣的銳角三角形

　　小坤這時提出問題：「大偉，聽完您所描述創新和研發創新團隊金字塔的六大要素，以及各國的優、劣勢後，對於臺灣領導者、團隊和環境各層面的加強，有沒有詳盡的指導方針供我們遵循呢？」

⇢臺灣領導者的指導方針⇠

大偉回答:「根據我對臺灣創新和研發的領導者、團隊及環境的觀察研究,臺灣的領導者有許多優勢,像靈活、冒險、有自信心、能夠吃苦耐勞、敢於創業等,至於還需要加強的地方有五大點:

1.不能以錢為本,必須以人為本

創新的成功取決於員工和團隊,而不是儀器和經費,因此企業和國家的領導者必須拋棄『有錢的人是老大』不合時宜的領導方式,而要視員工和團隊為創新和研發的最大資產。

2.避免家族企業的經營方式,走向經理人模式

由於創新需要專業、有前瞻性以及有領導能力的人才,才能夠在跨國的競爭中勝出。舉凡世界聞名的創新和研發企業幾乎沒有一家是家族企業,但臺灣目前的產業仍然存在許多這種案例,習慣傳承給家人或者招攬親朋好友。這種家族企業式的經營方式,是無法在 21 世紀立足的。

3.放棄賺大錢的目標,建立自身崇高目標

許多目前的企業領導者都曾經歷過二次大戰後物質匱乏的童年,因此賺大錢過著無憂無慮的生活不免成為人們工作的動

力。然而若要創造第三次經濟奇蹟，領導者必須提升自身的目標和人生意義，立志為下一代創造更好的環境。有了這種崇高的目標，才能夠成為世界一流的創新領導者。

4.走出臺灣，迎接世界的挑戰

21 世紀的地球是平的，創新的產業是世界性的，市場不能局限於臺灣，而是遍及全世界。領導者必須有強烈的好奇心迎接挑戰，走出臺灣，到世界各地尋求市場和人才，並建立不同的創新和研發基地。

5.培養國際觀、增進英語能力，以及加強對外國文化的瞭解

經過 20、30 年來產業的國際化，臺灣的領導者在國際觀、英語能力以及對於外國文化的瞭解，都有長足的進步。但是相較於世界一流創新企業，在製造業為主的產業中，領導者所具備的國際觀和英語能力仍顯不足。要成為 21 世紀一流的創新領導者，必須有開闊的國際觀、外語能力且廣泛的瞭解不同文化和習俗。

➢臺灣團隊的指導方針⬳

1.鼓勵不同種族和性別的成員加入團隊

　　世界一流創新團隊都具備多元多樣化的特質，得以截長補短，成為競爭的利器。由於臺灣缺乏移民政策，加上傳統重男輕女的觀念，雖然經過多年的經營，當今的創新團隊距離達到一流的多元多樣化仍有一段距離。團隊不能期待多元多樣化會自然的發生，而是需要領導階層刻意的長期經營才能夠產生效果。

2.加強創造、獨立思考及解決問題的能力

　　臺灣的團隊很專業、有紀律，但是創造、獨立思考及解決問題能力不足。在製造業中，具備專業、技術和紀律就已是成功的保證，但是在創新和研發產業中，還必須具備獨立思考等能力才能成為世界一流的團隊。

3.不怕犯錯，在錯誤中學習和改進

　　錯誤和失敗在創新中是常態而非特例，一流的創新團隊嘗試得多所以錯誤也多，在錯誤中學習、改進，進而找出最佳的答案，創造出跨時代的產品。而在臺灣，我們的文化不鼓勵錯誤和失敗，錯誤是負面的，失敗是沒有面子的。其實世界上許

多最受歡迎的創新產品,都是由最常犯錯的團隊所創造出來的。

4.尋找自己喜愛的工作

在臺灣大部分的人並不喜愛自己的工作,只是追求生活溫飽、金錢和地位,或者為了滿足父母、家人的期待,追求社會大眾認知的成功。臺灣要成為一流的創新團隊,必須要每個人都喜愛自己的工作,如果不喜歡就必須繼續尋找,直到找到最愛為止。唯有做自己喜愛的工作,才能夠發揮全才,在激烈競手的創新產業中成為勝利者。

5.不斷的學習,成為創新高手

唯有終生不斷的學習和練習,才能夠成為一流的創新高手。很多人完成高等教育後,似乎就失去了學習的動力。然而我們應該繼續多元化的學習,從財經、管理、設計、藝術,心理等領域都可以多加涉獵,全方位的吸收知識,如此才能充實自己。

⇥臺灣環境的指導方針⇤

1.盡量推翻人為規範

創新必須打破傳統、取代現有的產品,因此在鼓勵自由思考、重視個人判斷能力及不約束想像力和創作力的環境之下,才能夠創造出與眾不同的創新產品。因此除了違法行為之外,

臺灣企業應鼓勵員工以個人判斷作為行為準則，避免人為規範箝制自由創造的空間。

2.改變辦公室和廠房設計，增進交流

　　創新是集合多重技術和創造共同產生的成果，所以理想的創新環境要能讓團隊成員每天至少三次互相交流。辦公室和廠房應該除去所有隔間的設計、廣設休息區、並提供紙筆等工具方便交流。藉著空間的設計，鼓勵創新者互相交流、建立人際關係，一起討論和腦力激盪。

3.消除階級差異，領導階層和團隊同等待遇

　　創新環境中雖有組織、職位及工作職責之分，但是應給予所有人平等的權利，不論職位高低，都必須給所有員工相同的尊敬和一致的待遇，如此才能夠集思廣益，激發員工內在潛能，共同為創新盡最大的努力，一起攜手創造未來、增進人類福祉。在亞洲企業中，領導階層經常都有特殊的待遇，例如專屬停車位、豪華的辦公室、專用司機和座車，這些特殊的待遇在世界一流創新環境中是不合時宜的，應該盡可能改進。

4.鼓勵正面的思想衝突

　　臺灣的員工愛面子、重視和諧，就算有不同意見也不願表達，因此團隊常是表面祥和，缺乏正面的思想衝突，但可能彼此心裡並不互相尊敬，也沒有互信基礎。而一流創新的環境中，

員工尊重彼此的意見，但能互相討論、挑戰不同的想法可行性，這種思想衝突對事不對人，藉此激發不同的思考或研究方向，是創新成功的最大保證。

5.增進團隊合作

大家常說華人缺乏團隊觀念，總是自掃門前雪，不管他人瓦上霜。臺灣也有相同的問題，如果用個人條件來評斷，臺灣絕對是世界一流的，但是團隊加成的效果則尚待改進。韓國創新團隊成員的個人條件可能遠不及臺灣，但他們靠著團隊合作的優勢，迎頭趕上臺灣；以色列也是以團隊合作聞名的範例，以狹小的領土和少量的人口，就能在世界創新舞臺上占有一席之地」。

大偉簡單地作結：「以上就是我針對臺灣提出領導者、團隊和環境各方面的五大建議。只要大家下定決心，排除歧見，一起為這塊土地努力，我相信臺灣創新和研發的前途是光明燦爛的。到此大家還有其他問題嗎？」

⇥ 政府、企業和個人的職責 ⇤

小坤接著發問：「您對於臺灣的政府、企業和個人有哪些執行創新和研發的建議呢？」

大偉很謙虛的說：「臺灣有太多創新和研發的專家，我的能力還不足，但是我可以提供以下的期許，希望大家一起努力：

1. 政府的職責

a. **教育**：創新和研發不僅是少數官員、學者或企業領導者的職責，而必須深入每個人的思想中，每天的思路都與創新和研發有關。

b. **環境**：創新必須融入日常生活的環境中，政府應以第五大秘密的『世界級的創新環境』為思考方式，在學校、社會、企業中不斷的鼓勵創造全世界一流的創新環境。

2. 企業的職責

　　企業是創新和研發發展的主要推動者，且決定了創新和研發的成敗。企業必須承當以下兩大任務：

a. **成立共同創新研究室** (joint innovation lab)：21世紀的創新是多元的，世界一流的超級企業也許有辦法獨立掌握未來的創新產業，不過臺灣還不具備這種能力，所以企業必須協同合作，成立共同創新研究室，一起開發創新產品，開創臺灣未來的創新產業。

b. **訓練員工創新和研發的技能**：我們必須不斷的學習、應用創新和研發的技能，才能夠有一流的水準。企業可以根據創新和研發的第五大秘密，培養出世界一流的創新團隊，並且讓大家應用、執行於每日的創新和研發工作中，藉此不斷的改良，成為企業專屬的獨特技能。

3.個人的職責

個人是執行創新和研發不可或缺的兵卒，如果不是世界一流的創新人才，也不可能成就世界一流的創新產業。

a. 100% 的專注 (total commitment)：世界一流的創新和研發是全職的，而非業餘的競爭。每個人必須 100% 的專注和投入，否則只會成為半吊子，無法和世界一流團隊抗衡。

b. 不斷的學習：『活到老、學到老』這句俗語對於個人的成功是相當重要的。因為創新和研發的發展一日千里，如果我們停止學習、不再進步，就會失去競爭力。因此，每個人都要不斷學習，保持進步的觀念，才能夠為臺灣創新和研發的未來貢獻一份心力」。

◈ 第五大秘密座右銘

小坤代表陳董發言：「大偉，我代表陳董和集團所有員工對您表示最大的謝意。我們都獲益良多，也會將您所指導的五大秘密應用到每日創新和研發的工作上。我們和您有相同的信心，根據這五大秘密，我們可以一起將臺灣開創成創新和研發的科技島」。

大偉也很高興的回答：「首先，我也要謝謝您們的邀請，給我這麼好的機會和大家一起分享這個主題。我的團隊常用這句話鼓勵自己：

Became 20% of 20/80, carry the rest of 80% and make a difference for others.

成為前 20% 的佼佼者之後，並且貢獻自己幫助其他 80% 的人群，為大眾創造更好的未來。

　　如果每個創新者都願意在行有餘力之時，貢獻一己之力幫助其他的弱勢者，一起讓社會更富足，增進社會福祉，這就是創新者的驕傲，也是五大秘密最重要的宗旨。

　　謝謝各位，這個星期的行程是我人生中非常特別的一週。我期待這一週的分享可以為臺灣未來創新和研發科技島的目標盡一份力量。」大偉做了一個完美的總結。小坤、Michael 和同仁們一起起立鼓掌，結束這幾天的討論。

創新和研發格言

改變的過程是十分艱困而且充滿危險和懷疑的，創新領導者會碰到很多在舊制度之下的成功人士的大力反對，僅會獲得少數在創新過程中獲益者的支持。

馬基維利 (Niccolò Machiavelli)

義大利哲學家

小　結

◇ 臺灣面板產業必須改變產業結構，利用核心技術開發多項核心產品，建立自有品牌，成為垂直整合的商業模式。

◇ 21 世紀後的產業演變為全球性的競爭、創新產品速度加快，產品生命周期快速降低以及創新和研發所需費用增加，我們必須成為動態、開放、自由的現代化創新團隊以因應時代趨勢。

◇ 一流的創新團隊中，必須維持領導者、團隊及環境三者同等的重要性，建造出一個平衡的創新團隊金字塔。

贏在這一秒

黃國興／著

鑫科材料董事長、中鋼碳素總經理 王茂根
工業技術研究院院長 徐爵民
光洋應用材料總經理 馬堅勇
瑞晶電子總經理 陳正坤
美國歐萊先進材料執行長 陳週發
（依姓氏筆劃排列）

誠摯推薦

　　為什麼只有少數人過著成功、健康、充實的人生？許多人雖然努力嘗試，不停的追求成功和快樂，每天卻面對失望的結果。什麼因素主宰成功和失敗，掌握個人的人生和命運？是家世、背景、環境等外在因素嗎？

　　《贏在這一秒》分析掌握個人成功的因素，個人的決定和選擇才是主宰成功和失敗的關鍵，成功的始點在於「這一秒的決定」。本書提供成功人士十五門成功必修學分，藉著每天體能、智能、情感能力和精神能力的訓練，不停的培養成功的好習慣，每個人都可以過著青春、活力、充實、快樂的人生。這本書讓我們看到光輝的未來，期許大家本著正面積極的人生態度，一起走在不平凡、與眾不同的道路上。

領導與管理5大祕密
——如何創造一支勝利的團隊

黃國興／著

　　領導與管理的5大祕密，幫助你快速成為內外兼修的專業經理人，不但創造績效，也贏得人心。你一定得學會的五大祕密：

1.**熱愛你的工作**
2.**建立一個明確的遠景和目標**
3.**有效率的溝通**
4.**公平、公正、合宜的獎賞與懲罰**
5.**團隊合作**

誠摯推薦

104人力銀行行銷總監　**邱文仁**
成橄土木48期OB，成橄教練　**邱漢生**
鴻海集團技術長　**陳杰良**
光洋應用材料科技股份有限公司董事長　**陳李賀**
國際硬碟儀器和材料協會(IDEMA)總經理　**高懷志(Joel Weiss)**
（依姓氏筆劃排列）

　　阿雄是一個剛剛接任管理職務，並充滿了不安與不適應的新手主管，幸好有阿彬這個好朋友介紹了管理與領導專家蘇總給阿雄，蘇總以自己過來人的經驗，有系統的指導阿雄領導與管理一個團隊時應該要學習的5大祕密。透過蘇總一步一步的指導，解決阿雄在領導與管理方面的疑難雜症，進而創造一支勝利的團隊。蘇總不是只告訴阿雄5個不切實際的口號，而是真的告訴阿雄實際作法。如果你跟著阿雄一起學習，相信你也可以創造一支勝利的團隊。

我的智慧，我的財產？
你不可不知道的智慧財產權

沈明欣／著
水　腦／繪

　　作者以通俗易懂的文筆，化解生澀的法律敘述，讓你輕鬆解決生活常見的法律問題。看完本書後，就能一窺智慧財產權法之奧秘。本書另檢附商業交易中常見的各式智慧財產權契約範例，包含智慧財產權的讓與契約、授權契約及和解契約書，讓讀者有實際範例可供參考運用。此外，本書更以專文討論在面臨智慧財產權官司時，原告或被告應注意之事項，如此將有利當事人於具體案例中作出最明智之抉擇，在閱讀本書之後，必感物超所值。